ZHONGGUO WENHUA
MANTAN

中国文化漫谈

许晓林◎著

安徽师范大学出版社
ANHUI NORMAL UNIVERSITY PRESS
·芜湖·

图书在版编目(CIP)数据

中国文化漫谈 / 许晓林著.— 芜湖：安徽师范大学出版社，2021.1（2024.12重印）
ISBN 978-7-5676-4494-6

Ⅰ.①中… Ⅱ.①许… Ⅲ.①中华文化－基本知识 Ⅳ.①K203

中国版本图书馆CIP数据核字(2021)第003988号

中国文化漫谈 许晓林◎著

责任编辑：孙新文 责任校对：何章艳
装帧设计：丁奕奕 责任印制：桑国磊
出版发行：安徽师范大学出版社
芜湖市北京东路1号安徽师范大学赭山校区
网 址：http://www.ahnupress.com/
发 行 部：0553-3883578 5910327 5910310(传真)
印 刷：苏州市古得堡数码印刷有限公司
版 次：2021年1月第1版
印 次：2024年12月第2次印刷
规 格：700 mm×1000 mm 1/16
印 张：12.25
字 数：182千字
书 号：ISBN 978-7-5676-4494-6
定 价：39.90元

自　序

本书分九个专题，以史为纲，介绍中国古代文化。除前两个专题为纯粹常识介绍外，其余各专题知识普及与学术研究兼顾，对涉及的学术争议作了简要评述。本书所引文献资料，均取自原著，无辗转相抄之弊。一些生僻词语，注音并予诠释，以便阅读和理解。避免枝蔓敷衍，力求言之有物、切要中肯，是本书行文宗旨，但愿结果不悖初衷，草成数篇会对读者有益。

晚饭后，我喜欢独自散步，有许多的思想碎片，有些观点，是在散步时形成的。本书结稿时，正值深秋时节，原计划还有一篇《建筑》，介绍中国古代建筑，无奈又临冬季。芜湖的冬天，很冷，室内外温度相差无几，手耳均生冻疮，于是就此搁笔，《建筑》篇只有留待以后再说了。

许晓林

二〇二〇年十一月于芜湖

目　录

汉　字

世界上现有的文字系统，以汉字的历史最为悠久。

人类发展史上，曾有四种最古老的文字：古代中国的甲骨文、古印度的哈拉巴文字、古埃及的象形文字、古巴比伦的楔形文字。除汉字以外的其他几种古文字都在历史长河中湮灭，只有汉字超越时空限制，成为文化传承的重要载体。

现知中国较早的文字是商代甲骨文，刻写在龟甲兽骨上，又称“契刻文”，属于一种比较成熟的文字系统，并非汉字的初始形态。如果追溯汉字的源头，根据考古发掘的材料，可以追溯到距今约8000～9000年前。

1983—2013年，河南省漯河市舞阳县北舞渡镇西南1.5公里的贾湖村先后进行了8次挖掘，从出土的龟甲、骨器、陶器、石器上发现17例刻划符号，一些专家将其考定为汉字的源初形态（学术界有争议），如果此说成立，那么汉字已有近万年的历史。

从贾湖刻符到甲骨文，汉字经历了四五千年的漫长历程。

商周时期，人们将文字浇铸在钟鼎器皿上，后世称之为“金文”“钟鼎文”。由于浇铸的需要，金文有了一些变异，笔画[1]简省而圆浑，后来的篆字就继承了金文笔画的走势特点。甲骨文与金文合称“甲金文”。

甲骨文中，某个字往往会有多种写法，这种文字异形的现象，颇为明显。春秋战国时，诸侯割据，社会动荡，言语异声、文字异形的现象愈发严重。秦国主要使用大篆，其字形整齐而结构匀称，笔画圆转通畅，是后

① 这里的“笔画”是一种宽泛的说法，有“字”存在，即有“笔画”。汉字学认为，小篆之前的汉字，靠“线条”描摹物象，至隶书，“线条”才演变为构字的“笔画”。

来小篆的前身。其余六国[①]使用的文字，被称为“六国古文”。六国古文在甲金文基础上，任意简化，异体字、讹变字屡见不鲜，虽然不利于文字的统一，但对汉字简化却有着促进作用。

秦灭六国，一统天下，“书同文，车同轨”，全国施行统一的文字，“小篆”成为当时的标准字体。

小篆在大篆的基础上进一步简化，构形整齐匀称，描摹物象的线条变为弯曲的笔画，是汉字方块化以及结构定型最重要的一站。

从下图“女”字，可以看到汉字的形体演变[②]：

甲骨文　大篆　小篆　隶书　楷书

“书同文”是汉字史上第一次大规模的文字规范行为，成为此后汉民族的书面准则，书写时都要使用汉字，不管社会如何动荡，朝代如何更替，“书同文”将汉民族紧紧联系在一起，在防止民族分裂、文化变异等方面，起到了重要作用。

早在“大篆”时期，秦国下级官吏中就出现了另一种非官方字体，这种字体与篆书相比有着很大差别，其笔画横平竖直，不像篆书那样弯弯曲曲，书写起来简便高效，这就是后来东汉人所说的“隶书”。小篆成为标准字体后，隶书也同时大行，小篆是“正体”，隶书是“俗体”，小篆复杂而弯曲的笔画，与隶书简单而平直的笔画相比，自然处于劣势。因此，“正体”小篆难逃被“俗体”取代的命运。

东汉许慎《说文解字·叙》说秦时程邈造隶书，唐人张彦远认为“程邈，即隶书之祖也”[③]。张怀瓘在《书断》中指出，秦代陕西人程邈在狱中

---

① 齐、楚、燕、韩、赵、魏。

② 图片取自任平:《说隶》,杭州大学出版社1997年版,第47页。

③ (唐)张彦远:《法书要录》卷七,清文渊阁四库全书本。

写隶书三千字[①]。事实上隶书非程邈所创，程邈的贡献在于对隶书作了细致整理，对于隶书的规范，起了很大作用。

汉武帝时，隶书完全成熟，盛行天下。西汉末，隶书取代小篆，成为通行字体。

最初的隶书，源于对篆书的快速书写，多为下级官吏所为，故称“隶书”。篆书到隶书的变化，后人称之为“隶变”[②]，是对汉字系统的一次全面简化。

“隶变”始于战国时期的秦国，完成于汉代。

在汉字发展史上，“隶变”是一座丰碑，它完成了汉字从描摹物象到抽象符号的系统转变，使汉字的体式结构完全固定下来，此后出现的楷体以及其他书体，实际上都只是汉字笔形的变化以及汉字形态在书法艺术上的表现。

“隶变”是“古汉字演变成现代汉字的起点。有隶变，才有今天的汉字”[③]。

习惯上，将小篆及其以前的文字，称为“古文”，隶书称为“今文”[④]。

汉代末年，出现了楷书[⑤]。经过三国时期钟繇、东晋时期王羲之的努力，楷书逐渐定型，唐代时楷书盛行。楷书又叫“正书”“真书”，可作为

---

① 唐代张怀瓘《书断·隶书》:“按隶书者，秦下邽人程邈所作也。邈字元岑，始为县吏，得罪始皇，幽系云阳狱中。覃思十年，益小篆方圆而为隶书三千字。奏之，始皇善之，用为御史。以奏事烦多，篆字难成，乃用隶字，以为隶人佐书，故曰隶书。”(《丛书集成新编》第52册，台湾新文丰出版股份有限公司1986年版，第556页)

② “隶变”一词，大约最早见于唐代唐玄度的《九经字样》。参见赵平安:《隶变研究》，河北大学出版社2009年版，第1页。

③ 参见赵平安:《隶变研究·序一》，河北大学出版社2009年版，第1页。

④ 文:字;今:当代，即汉代。“古文”“今文”概念，始见于《史记·儒林列传》:“孔氏有古文尚书，而安国以今文读之。”汉代把隶书称为“今文”，隶书之前的其他文字(如籀文、小篆等)称为“古文”。

⑤ 楷书产生于东汉，又称“正书”“真书”，使汉字更易于识别与书写，被认为是汉字书写的楷模，成为后世的一种标准字体。

楷模的书体称为楷书。隶书字形扁方，笔画“蚕头燕尾”“一波三折”[1]。楷书字形端正，笔画平直，成为迄今通用的字体。

“汉字”这一概念，源于其他民族对汉民族文字系统的称呼，元代史书《金史·本纪第九》：“始习本朝语言小字，及汉字经书，以进士完颜匡、司经徐孝美等侍读。”《辽史》卷二《太祖下》：“诏砻辟遏可汗故碑，以契丹、突厥、汉字纪其功。”这是指称“汉字”较早的记载，至于口语中何时有了“汉字”这一名称，不得而知。

现存最早的成系统的汉字字典，是东汉许慎的《说文解字》，简称《说文》。该书首创以部首编排汉字的体例，将9353个汉字归属540个部首，分析字形，解释字义，标明字音，首次给出了“六书”[2]的明确界说。许慎《说文解字》卷十五上：

> 周礼：八岁入小学，保氏教国子，先以六书。一曰指事。指事者，视而可识，察而见意，上下是也。二曰象形。象形者，画成其物，随体诘诎，日月是也。三曰形声。形声者，以事为名，取譬相成，江河是也。四曰会意。会意者，比类合谊，以见指㧑，武信是也。五曰转注。转注者，建类一首，同意相受，考老是也。六曰假借。假借者，本无其字，依声托事，令长是也。

翻译成现代汉语：

> 周朝的制度，儿童八岁入小学，保氏先用“六书”来教育王室的子弟。第一种叫做指事。所谓指事，就是一见就可以认识，

---

① “蚕头燕尾”见《宣和书谱》卷三《颜真卿》：“后之俗学，乃求其形似之末，以谓蚕头燕尾，仅乃得之，曾不知以锥画沙之妙。”“一波三折”见东晋王羲之《题卫夫人〈笔阵图〉后》：“每作一波，常三过折笔。”《宣和书谱》卷五《太上内景神经》：“然其一波三折笔之势，亦自不苟，岂其意与笔正特见严谨，亦可嘉矣。”

② “六书”始见于《周礼·地官司徒·保氏》：“保氏掌谏王恶，而养国子以道。乃教之六艺，一曰五礼，二曰六乐，三曰五射，四曰五驭，五曰六书，六曰九数。”书，字。六书，六种字。西汉刘歆《七略》认为“六书”是汉字造字法（“造字之本”）。《说文解字》中的“六书”指出了汉字的六种形态。关于“转注”与“假借”是否属于造字法，历来争议颇多。

> 细致观察就可以了解它的意义，丄丅（上下）二字就是这样。第二种叫做象形。所谓象形，就是画成那个东西，随着它的形体而曲折，日、月二字就是这样。第三种叫做形声。所谓形声，就是根据事物造字，再取一个近似的声符配合而成，江、河二字就是这样。第四种叫做会意。所谓会意，就是组合两个以上的字，表示一个新的意义，武、信二字就是这样。第五种叫做转注。所谓转注，就是说造这种文字要统一部首，用一个同义的字展转注释，老、考的关系就是这样。第六种叫做假借。所谓假借，就是本来没有这个字，借用一个同音字来表示这个概念，令、长二字就是这样。①

《说文解字》是汉字发展史上的经典著作。除中国外，世界各国有词典而无字典。

由于汉字难以用于科学符号标识（如数学、物理、化学等），这在一定程度上影响了古代中国科技的发展。汉字属于表意体系，笔画繁杂，难写难记难认，有不少形似字及音同音近字，成为汉字的短板。汉字改革，势在必行。由于中西文化交流，科学标记符问题已不复存在，现代切实可行的汉字改革，是简化汉字。

隶变是汉字系统第一次成功的简化行为。第二次是19世纪50年代太平天国时期，对民间诸多简化字予以认可。第三次是20世纪二三十年代中华民国时期，1935年民国政府教育部正式公布《第一批简体字表》（因遭反对，不到半年即又废止），收简化字324个。第四次则实现于1956—1964年：1956年，国务院公布《汉字简化方案》；1964年，中国文字改革委员会出版《简化字总表》。1986年，国务院批准重新发表《简化字总表》。现在中国大陆使用的简体汉字计2235个，香港、澳门、台湾则仍旧使用繁体汉字。

---

① 周秉钧：《古汉语纲要》，湖南教育出版社1981年版，第73—74页。

汉字是中华民族智慧的结晶，对世界文化产生了重要影响。“汉字文化圈”①的形成，推动了东亚文明的发展。

公元270—310年，汉字传入日本，只有语言而无文字的日本，开始以汉字为书写工具（读、写都使用汉字），用汉字标注日本语音。9世纪，为适应日语需要，日本以汉字为基础创造了“假名”，开始有了自己的文字。据日本《读卖新闻》2016年2月29日报道，日本文化审议会国语分科会对2136个常用汉字的字体、字形进行了汇总，并提出规范方案。

早在秦汉时期，越南就使用汉字。大约在宋代，越南开始使用自创“喃字”（孳乳于汉字）；19世纪中叶后，越南沦为法国殖民地，开始使用拼音文字。

朝鲜很早就进入“汉字文化圈”，一直到15世纪，朝鲜李氏王朝公布“训民正音”（1446年），统一使用音节文字“谚文”，沿用至今。

2015年，由中日韩三国专家学者组成的“东北亚名人会”达成共识，公布了《中日韩共用常见808汉字表》，标志着中日韩三国在文化共同点的整理上又迈出新的一步。

表意文字与表音文字，各有长短。在信息化时代，汉字的短处已经显现，例如计算机上汉字的输入。使用拼音输入法，汉字重码率高，找字麻烦，输入效率低。形码输入法虽然快捷，但所谓“字根”记忆使人望而却步，输入时与语音脱节，与著述思维脱节，因此著述者多采用拼音输入法。这一弊端，随着技术的发展，相信会被克服。目前在现代汉语整句输入方面，已取得较大的进步。

1988年，国家语言文字工作委员会发布《现代汉语通用字表》，计7000汉字。就字的使用频率看，高频度汉字比较集中，用字量少，4000个汉字即可满足需求，而英语4000个单词仅可进行一般的阅读与交流（成人词汇量应在1万以上）。如果语言中产生1000个新词，汉语无须另造新字，现有汉字即可轻易组词，而英语则须另造新词。神经语言学与神经心理学研究表明，拼音文字是音、义编码方式，属于偏重大脑左半球的“单脑文字”，

① 一般认为，“汉字文化圈”包含的国家有中国、朝鲜、韩国、日本、越南、蒙古。

而汉字系形、音、义“多重编码”，同时作用于大脑左、右半球，属于“复脑文字”[①]，十分有益于人的智力发展。伴随着中国国际地位的日益提高，汉字正以开放、包容的姿态走向世界。

① 李梵:《汉字的故事》,中国档案出版社2001年版,第224页。

汉 语

汉语是汉民族的语言，广义的“汉语”指汉语共同语及各种汉语方言，狭义的“汉语”指汉语共同语。

高等院校汉语言文学专业有两门基础必修课——“古代汉语”“现代汉语”。“古代”与“现代”的历史分期，以1919年五四运动为界，五四运动以前的汉语，为古代汉语；五四运动及其后的汉语，为现代汉语。

现代汉语共同语是“以北京语音为标准音、以北方话为基础方言、以典范的现代白话文著作为语法规范的普通话”[①]。这里的“普通”，是“普遍通用”的意思。

语言是人类交际的工具，不同方言区的人相互交流，必须要有一种通用语（也就是以某种方言为基础的普通话）。随着历史变迁，不同时期的通用语有着不同的称谓。

先秦称为“雅言”[②]，即以京畿之言为通用语，那时的京畿之言为西安一带的方言[③]。

汉代称为“通语”“凡语”，西汉时以西安话为通语，东汉时洛阳话成为通语。

魏晋至唐宋称为“正音”，以洛阳一带的语音为“正音”。

元、明、清称为“官话”，元明时期仍以洛阳语音为标准音[④]，清代后

---

① 参见1956年国务院发布的《关于推广普通话的指示》。

② 雅者，夏也，先秦时“雅”“夏”相通。京畿为“夏”，天子所居之处为“夏”。

③ 一说为洛阳方言。

④ 一说明朝至清朝中期以南京语音为标准音，即所谓“下江官话”（又名“江淮官话”，江北话）。

期北京语音成为标准音。

清末至中华人民共和国成立前称为“国语”，以北京话为通用语。

中华人民共和国成立后通用语被称为“普通话”[①]，北京语音成为普通话的标准语音。

汉语起源于何时，无从考知。自从文字产生以后，汉语有了书面形式。最初的书面语与口语相去未远，像《诗经·国风》中的十五国风，就是地方民歌，系当时人们口头所唱。《楚辞·九歌》，也是民间歌舞之辞。到了汉代，书面语与口语分离。至六朝，白话文出现。唐宋时，产生了不少比较完整的白话文。五四运动以后，白话文占据了文坛统治地位。白话文与文言文是相对而言的，唐时将周秦两汉文以及后世仿古之作称为“文言文”，将依据口语而作的文章称为“白话文”。文言，即文饰之言，经过加工的语言；未经文饰的语言就是“白话”[②]，白话文实际上就是当时口语的书面表现形式。

中国人很早就开始了对语言的研究。春秋战国时代，文章出现新的格局，往往前一部分提出概念、观点、原理，属于“经”的部分；后一部分对前一部分进行解说，叫作“传”“解”“说”。“传”是用来解释“经”的，例如，《周易》是“经”，解说“经”的部分叫《易传》。在词义解释方面，前人已经注意到，可以从字形、字音、字义等方面来予以阐明，例如，《左传·宣公十二年》：“夫文，止戈为武。”[③]从字的形体结构上释字，“止”与“戈”合在一起，就是“武”，而“武”的意思，就是要制止战争。《论语·颜渊》：“政者，正也。”这是从语音角度，对“政”进行解释，为政，就是要公平正直，这才是为政之道。《左传·僖公三十二年》：“咨难为谋”，有困难的事提出来商量叫作“谋”，这是从词义的角度进行解释。据说孔子弟

① 清末已有“普通话”这一概念，最早给“普通话”作明确定义的人是朱文熊，他在1906年《江苏新字母》一书中指出：普通话乃“各省通行之话”。

② 清代王之春《椒生随笔》卷七说唐李肇《翰林志》“翰林所著撰教坊致语曰白话”，可知唐时已有“白话”一词。

③ 文，字。止，停止。戈，兵戈，指战争。

子子夏发明了"章句之学"[①]，对成句、成章的话进行义理辨别与词句解释。战国时荀子写出了中国最早的语言学论文——《荀子·正名篇》，阐述了词在语言中的"用丽"（用，功用；丽，组织）观点。为了便于文章的阅读与传播，人们使用了标点符号[②]，如"、"表示停顿，用来断句，大体相当于今天的逗号。"L"表示句绝，相当于今天的句号。1993年10月发掘的战国楚地竹简（郭店1号墓）[③]，有一成篇的27枚竹简，403字，使用了34个句读符号，4个分章符号。

汉武帝时，《诗》《书》《礼》《易》《春秋》被奉为儒家经典，朝廷立五经博士（博士：古代学官名）。为适应经学发展的需要，"小学"兴起。古时贵族子弟八岁入小学。小学本是学宫（学校）名，因童蒙教育主要是读书识字，要知道字形、字音、字义，后来遂将文字学、音韵学、训诂学一并称为小学，小学由学宫名转为学业名。汉时小学成就斐然，西汉扬雄写出中国第一部方言词典——《方言》，东汉许慎撰作中国第一部字典——《说文解字》，汉代还产生了中国第一部归纳同义词、近义词的词典——《尔雅》。这一时期的语言研究主要表现在两个方面：第一，随文释义，对先秦古籍进行笺注，如《毛诗故训传》；第二，通释语义，编撰辞书，如字典、词典等。在汉字注音方面，东汉时发明了"反切"[④]的汉语拼读法。

对汉语语音的研究，最为艰难。音韵学被叹为"绝学"。三国时，魏人李登写出中国第一部语音学著作——《声类》（已佚），以宫商角徵羽五音标示汉字的声调[⑤]。齐梁时期，周颙、沈约等人明确提出汉语四声（平上去

---

①《后汉书·徐防传》。章句：数字成句，数句成章。

② 汉语中的标点符号，早在甲金文时就已萌芽。参见袁晖、管锡华、岳方遂：《汉语标点符号流变史》，湖北教育出版社2002年版，第33页。。

③ 陈伟主编：《楚地出土战国简册[十四种]》，经济科学出版社2009年版，第262页。

④ "反切"的产生受梵文影响，今人持异见者渐多，参见本书"诗词"中所述。

⑤ "关于五音，历来争论很多，直到现在，还没有一致的看法。宫、商、角、徵、羽原来是我国古代音乐上用的术语。大概李登认为音乐和语言的声韵有密切关系，所以借来用在他的书里。然而借用来的'五音'到底指什么，李登没有留下片言只语的解释，后代的学者就不得不根据其它材料进行推测。"（赵诚：《中国古代韵书》，中华书局2003年版，第8页）

入）[1]的理论，并将之运用于诗歌创作，为日后中国律诗的形成奠定了基础。南朝梁代刘勰《文心雕龙》对辅音作了唇、齿、牙、喉的分类（影响甚微）。对汉语语音结构的认识，至宋代方见成熟。

从唐宋到元明清，学者对汉语的探讨、研究从未停止。唐宋的汉语研究，洋洋大观，许多重要成果，都在这时取得。元代卢以纬《语助》的出现，填补了中国语法专著的空白。至清代，汉语研究更是登峰造极，大家迭出，叹为观止。

纵观中国古代的汉语研究，文字、词汇最为强悍，语音次之，语法研究相对薄弱。1898年，清代马建忠《马氏文通》问世，汉语语法研究的滞后局面才得以改观。

不同的历史时期，汉语在语音、语法、词汇上呈现出不同的特点，现代学者因此给出汉语发展的历史分期[2]：

上古　夏商周秦汉。

中古　六朝唐宋。

近古　元明清。

现代　五四运动以后。

汉王朝建立后，产生了“汉人”“汉语”的概念。“汉人”一词在汉朝就已出现，而“汉语”名称的出现，大约在六朝时期，源自异域人对汉人语言的称呼。

仅就自然语言看（不考虑人造语言），目前全球有6000多种语言（这个数字是动态的），汉语仅是其中一种，却是使用人数最多的语言。就语言的分布范围看，英语的覆盖面最广。

除普通话外，汉语方言大约有129种（这个数字也是动态的，不排除某

---

① 入声字在元代已开始“入派三声”，分化到平（阴平、阳平）、上、去三声。现代汉语普通话已无入声，一些地方方言中仍保留着入声，如安徽芜湖方言中至今仍存有大量入声字。

② 汉语发展的历史分期，迄今尚无统一的说法。瑞典汉学家高本汉最先提出汉语史分期的概念。

些方言会随着社会发展而消亡)。现代语言学家认为，汉语与藏语“同源”，同属“汉藏语系”。关于全球语言语系的划分，多有争议，“汉藏语系”的说法，也有一些学者认为不够科学。

1973年，汉语被确定为联合国的工作语言之一，汉语的国际影响进一步扩大。

语言学家认为，汉语是分析语[①]，没有词的内部形态变化，因此西方人学习汉语感觉困难。实际上，外国人学汉语，最难的不是汉字、词汇、语法以及汉字（语素）的基本发音，对外国人来说，通过努力，这些都可以拿下，真正令外国人头痛的是：汉字（语素）的声调变化和汉语词在不同语境中的特定含义。绝大多数学习汉语的外国人，借助汉语拼音就能学会汉字的发音，但无法把握汉语四声的应用。汉语表意的声调（四声）是其他语言所没有的（汉藏语系的一些语言有声调，但不像汉语表意的四声声调。日语的声调与汉语的声调也完全不同，汉语声调体现在每一音节内部，日语声调则体现在音节与音节之间)。此外，汉语词在不同的场合、不同的语境，代表不同的意思，这也是外国人无法理解的。例如：“如果您方便，可以帮我个忙？”“对不起，我现在去方便一下。”两处的“方便”，西方人百思不得其解。又如，“初来乍到，不辨东西。”“他有个儿子，小东西挺可爱的。”“手里拿的什么东西？”这个“东西”，只有中国人能理解。

随着社会生活的发展以及文化的交流，现代汉语正在悄然变化。一些从前不允许的语法行为，如今却变得自然常见。例如，副词+名词，这种现象逐渐增多，如“很阳光”“很女人”“太绅士了”“你不能再书呆子了”“他是个非常事业的男人”等已被人们普遍接受。外来词融入汉语的现象，也引起语言工作者的关注。汉语借词在先秦时就已经存在[②]。现代汉语中，已有不少借词，这些借词在汉语中还是用汉字书写的，例如“骆驼”“坦克”“巧克力”等。字母词的出现，是一种新的现象，例如《阿Q正传》、B超、KTV、CEO、GDP等。2012年，《现代汉语词典》第六版收录字母词

① 无形态变化，用词序和虚词表达语法关系的语言，被称为“分析语”。

② 参见史有为：《汉语外来词》，商务印书馆2000年版，第27—33页。

239条，引发争议[1]。现实生活是语言的基础，语言需要规范化，同时也要适应生活的变化，这是规律。现在小孩子跟大人告别，不说“再见”，小手一挥，“拜拜”，已是常见现象。

① 2012年8月28日，“五笔字型”发明人王永民、翻译家江枫、中国社会科学院哲学研究所研究员李敏生等百余名专家学者联名上书新闻出版总署和国家语言文字委员会，要求《现代汉语词典》撤除英文字母开头的词语。

书　籍

纸，是书籍的材料。文章写在纸上，装订成册，就构成书籍。“书，装订成册的著作。”[1]所谓“籍”，“凡箸于竹帛皆谓之籍”[2]。“书”“籍”连用，最早见于南朝宋范晔《后汉书·马融列传》“职在书籍”。在此之前，“书籍”被称为“典籍”“载籍”。

在纸出现之前，书籍的材料是什么?

甲骨文中，有这样两个字：

册　典

册，绳索编联竹简木札。典，双手捧册。

《尚书·周书·多士》有这样一句话：“惟殷先人，有典有册。”指出殷的先人，有着记载历史的典册。商代有官名“作册”，执掌王室典册与记事，说明殷商时期，已有典册存在。

竹木简是当时文字的载体。将竹子剖开削平，把木头裁为长条形状，然后用毛笔在上书写文字，称为“竹简”“木简”，统称为“简”。木简的使用，晚于竹简。商人又用方形木板记录王室文诰，谓之“木牍”。简牍当时仅在王室使用，未在民间普及。后世出土文物，尚无殷商简牍。

商代已使用毛笔书写文字。毛笔出现于殷商之前，1984年出土的山西襄汾陶寺遗址扁壶，上有毛笔朱书文字，清晰可辨。中国社会科学院考古研究所的高天麟在1986年晋文化研究座谈会上报告说：“曾在一件餐扁壶的

① 中国社会科学院语言研究所词典编辑室编:《现代汉语词典》第6版,商务印书馆2012年版,第1203页。

② (清)段玉裁:《说文解字注》,上海古籍出版社1981年版,第190页。

腹壁上有用毛笔朱书的字迹，其中‘文’字尚清晰可辨。”[1]2010年7月29日，距今4000年前的山西陶寺扁壶在首都博物馆展出。此外，距今5000年前的陕西临潼姜寨出土彩陶纹饰以及仰韶文化时期的彩陶纹饰，均有使用毛笔的痕迹。

毛笔方便了文字的书写，文字修改时，用刀刮去旧迹，后人于是把文章修改称为“删削”，将政府里的文职人员称为“刀笔吏”[2]。竹木简的两端均刻有沟槽（或穿孔），把多枚竹木简用藤条或动物皮条（春秋战国时用麻绳、丝带或皮条）编联起来，成为“册”。简可作两道或三道缀联。编联好的竹木简，可以卷起，一束为一策，因此有了“简策”[3]之称。简策，就是“书”。

商代还将字刻写在龟甲上，把穿孔的龟甲串联起来，成为“龟册”，以便检阅。东周时期，龟册不再为人所用。

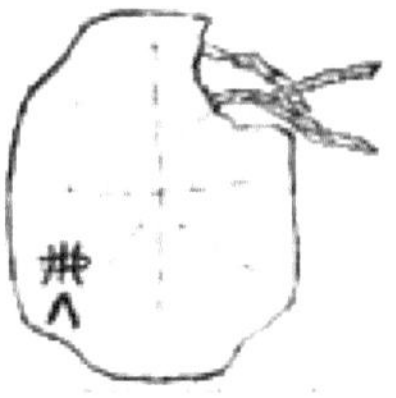

1976年河南安阳出土的龟板与腐烂的串联皮条[4]

春秋时代，随着“学在官府”局面的破裂，文化得以在更大的范围传播。战国时期，百家争鸣，著书立说蔚成风气，简策大量涌现。春秋战国的简，根据出土文物看，其长度并无定制，长的可至三尺[5]，短的仅有五寸。诸子用简，长度多为七寸至二尺四寸。三尺长的简，大多用来书写法律条文，因此古代法律又称“三尺法”。现已出土的周秦两汉律简，各种长

①《晋文化研究座谈会纪要·陶寺遗址七年来的发掘工作汇报》，山西省考古研究所1985年版，第24页。

②《史记·萧相国世家》：“萧相国何，于秦时为刀笔吏。”

③《管子·宙合》：“是故圣人著之简策，传以告后进。”东汉王充《论衡·定贤》：“夫人不谓之满，世则不得见口谈之实语，笔墨之余迹，陈在简策之上，乃可得知。”

④ 图片转引自王淮珠：《书籍装订技术的起源与发展（一）》，《印刷杂志》2001年第10期。

⑤ 战国时一尺约合现代23.1厘米。参见本书附录“中国古代度量衡”。

度的都有，说明当时的律简不见得都是遵从古制的。

先秦简的宽度一般为13毫米至23毫米，厚度约为2毫米至5毫米（最薄的甚至仅1毫米至1.5毫米）。编联时，根据简的长度，刻沟槽或穿孔，施以两道或三道扎联。缀联完成后，再整齐两端，予以切削。简策的编写，或先写后编，或先编后写。根据1959年甘肃武威磨嘴子汉墓出土的《仪礼》简书看，文字是在竹简编联之后才写上去的。联编的简策，要在每束简的首尾各留出一枚空白简，称为“赘简”，相当于后世书籍的“护封”，起保护作用。

竹简制作时，先把竹子剖成条状，截为一定长度，然后刮削磨平，最后用火烘烤去除青竹水分（一说先去竹的外表青皮，然后用火烘干），这一工艺，称为“杀青”“汗简”，后世以“杀青”喻书稿完成，即源于此。

上海博物馆藏战国楚竹书①

至于每简字数，可以说是任意的，少则一个字，多则四十余字，常规二三十字。书写时，文字竖排，每简一行（也有两行的），按简的排列次序，从右到左，依次书写。大多数简一面有字，也有两面写字的现象。如果每简两行或两面书写，则每简字数可达七八十字。

方形“木牍”又名“版牍”，战国时期颇为盛行。一块木板称作“版”，上书文字称作“牍”。版牍约一尺见方，厚度在一寸左右，常用作书信，因此人们将信件称为“尺牍”。版牍还用来书写户籍、账目、短文、公文等，地图也画在版牍上，因而地图亦称“版图”。由于面积的限制，版牍一般可

① 图片取自马承源主编:《上海博物馆藏战国楚竹书》(一),上海古籍出版社2001年版,第14页。

容纳近百字。《仪礼·聘礼》中说：超过百字的文章，写在简策上；不及百字的文章，写在版牍上[①]。版牍通常分档编序搁放、捆扎（不做编联），就成为“书”。单个版牍或单枚竹简，不能视为“书”。

简牍之外，春秋战国时还有一种“帛书”，又名“缯书”。用缣帛（丝织品）作书写材料，无疑是一种进步。简牍笨重不易携带，且容易错乱，缣帛无简牍之弊而便于裁剪，可谓是书写材料中的上品。根据内容的长短，将缣帛剪裁后卷起，就有了“卷（juàn）”，“卷”因而成为帛书的计量单位（“篇”“册”是简牍的计量单位）[②]。

缣帛虽好，但价格在简牍之上，且内容修改不易，因此缣帛多用来书写定稿或一些重要的内容。帛书分整幅、半幅两种。整幅宽约48厘米，半幅宽约24厘米，长度无定制。东汉许慎《说文解字》：“匹，四丈也。”一篇长文，如果一匹缣帛不能容纳，可将缣帛缝接。写好的帛书可以卷起，亦可折叠。1972—1974年，长沙马王堆汉墓出土的帛书，整幅帛书折叠成方形，半幅帛书则以竹木为轴卷起。

为了书写整齐，执笔前先在缣帛上划线，称为界格或栏线。红色栏线称为朱丝栏，黑色栏线称为乌丝栏。马王堆汉墓帛书上就有很细的朱丝栏。每一直行写三十至六七十字不等。界栏的宽度，与单枚竹简大体相当。

在缣帛上作画，称为“帛画”。

帛书的出现，晚于简牍，在春秋时就已出现。纸张盛行以后，简牍与纸张有一段并存的时间，东晋时期，废简用纸[③]（一些少数民族地区除外[④]）。帛书在唐代虽未灭迹，但数量已经很少，可知帛书已逐渐消隐。至于帛画，迄今犹存。

简牍帛书，是我国古代书籍的早期形式。相传孔子读《易经》，“韦编

---

①《仪礼·聘礼》:“百名以上书于策,不及百名书于方。”

② 一枚竹简谓之“简”,数简编联谓之“册”(又作“策”),一篇文章谓之“篇”(一“篇”可能包含数“册”),一卷(juǎn)缣帛谓之“卷(juàn)”。

③ 唐代徐坚《初学记》卷二十一《文部·纸》引《桓玄伪事》说,桓玄在位期间,曾诏令天下:“古无纸,故用简,非主于敬也。今诸用简者,皆以黄纸代之。”纸从此取代简牍,成为主要书写材料。

④ 有的少数民族地区,公元7世纪仍在使用简牍。参见王尧:《新疆藏文简牍考述及释例》,《文物》1984年第9期。

三绝”，缀联竹简的皮绳断了几次。春秋时期墨家学派创始人墨翟，出游时“载书甚多”[①]。战国名家学派的代表人物惠施，是庄子的好友，庄子说惠施“其书五车”，后来人称有学问为“学富五车”。在庄子、惠施的年代，有五车书，令人惊羡，可在今天，实在不值一提。以每简二十五字计算，每车三千竹简，五车一万五千枚竹简，共有字三十七万五千，相当于今天的几本书。据说秦始皇每日处理的公文重达三十公斤[②]。汉代东方朔上书武帝，耗用竹简三千，汉武帝用了两个月才看完[③]。

书籍形态的重大变化，是在“蔡侯纸”出现之后。南朝宋范晔《后汉书·宦官列传第六十八》：

> 伦有才学，尽心敦慎，数犯严颜，匡弼得失。每至休沐，辄闭门绝宾，暴体田野。后加位尚方令。永元九年，监作秘剑及诸器械，莫不精工坚密，为后世法。自古书契多编以竹简，其用缣帛者谓之为纸。缣贵而简重，并不便于人。伦乃造意，用树肤、麻头及敝布、鱼网以为纸。元兴元年奏上之，帝善其能，自是莫不从用焉，故天下咸称“蔡侯纸”。

所谓“造意”，也就是“创意”，“用树肤、麻头及敝布、鱼网以为纸”，是东汉蔡伦想到并实现的。蔡伦造纸，被认为是中国古代四大发明之一。根据一些出土文物以及历史文献记载，蔡伦之前，就已经有纸存在，只不过蔡伦之前的纸尚不能成为书籍材料，蔡伦只是对造纸工艺进行了成功的改造。这里涉及纸的定义，无论纸是否为蔡伦所造，有一点是肯定的：“纸”推动了人类文明的发展，蔡伦对此作出了重大贡献，将蔡伦的行为誉为造纸史上的里程碑，并不为过。

---

①《墨子·贵义》：“子墨子南游使卫，关中载书甚多。”按：关中即车中。

② 西汉司马迁《史记·秦始皇本纪》：“天下之事，无大小皆决于上。上至以衡石量书，日夜有呈，不中呈不得休息。”衡，秤。石，秦制一石约合现代三十公斤。量书，量化书的多少。每天取一石重量的书。中呈，指阅读呈文达到预定的量。

③《史记·滑稽列传》：“朔初入长安，至公车上书，凡用三千奏牍。公车令两人共持举其书，仅然能胜之。人主从上方读之，止，辄乙其处，读之二月乃尽。”

“蔡侯纸”质地轻薄柔韧，表面平整光滑，成为文字的理想载体。东晋桓玄称帝后，诏令天下以纸代简，简策逐渐退出历史舞台。

纸书起初还是卷轴形式，宽约汉制一尺（约合今制23.1厘米），长约合汉制二尺（或更长）。钱存训说，长纸卷最长达32米[①]。唐代书籍多为卷轴装。

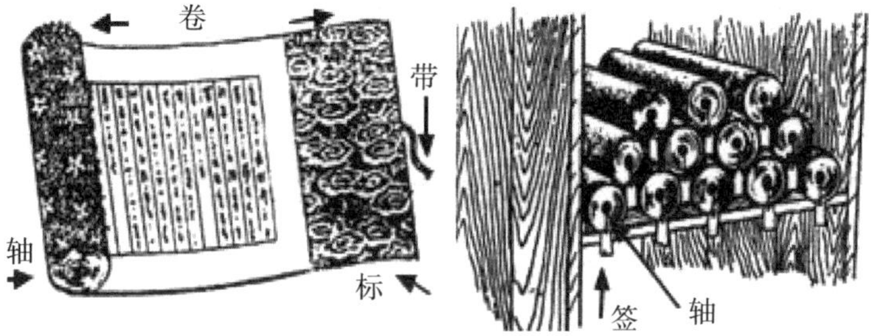

卷轴及其插架[②]

纸可以折叠、粘贴、装订，这就为书籍的形态变化提供了基础。为了方便阅读、携带与收藏，唐末宋初出现了新的书籍形式：经折装。

经折装[③]

经折装在纸的折叠处容易破裂，为避其短，出现了旋风装[④]：

① 钱存训：《书于竹帛——中国古代的文字记录》，上海书店出版社2004年版，第131页。

② 图片转引自潘吉星：《中国科学技术史·造纸与印刷卷》，科学出版社1998年版，第332页。

③ 图片转引自潘吉星：《中国科学技术史·造纸与印刷卷》，科学出版社1998年版，第332页。

④ 钱存训曾认为旋风装出现在经折装之后。详见钱存训：《书于竹帛——中国古代的文字记录》，上海书店出版社2004年版，第132页。

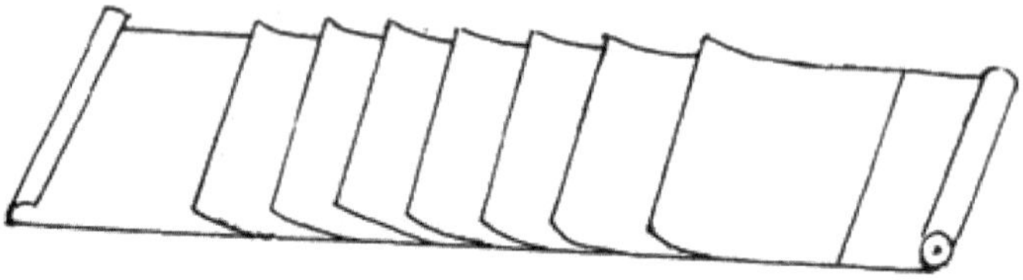

旋风装[①]

故宫博物院所藏唐写本王仁《刊谬补缺切韵》[②]

旋风装将单页粘在长纸上，方便了单页翻阅和查找，其外表仍为卷轴样式。有研究者认为旋风装应早于经折装[③]。

随着雕版印刷工艺的发展，五代至北宋时期，出现了蝴蝶装：

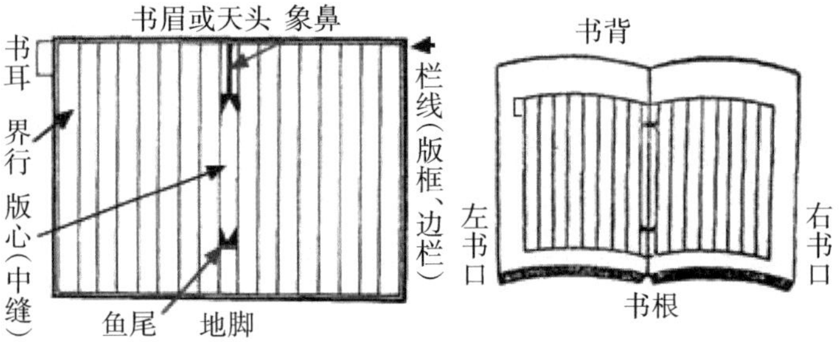

蝴蝶装[④]

蝴蝶装将纸粘合，积页成册，是一种册页形式，展开时如蝴蝶展翅。蝴蝶装是书籍装帧的一大进步。

南宋时，由蝴蝶装演进为包背装：

---

① 图片转引自潘吉星:《中国科学技术史·造纸与印刷卷》,科学出版社1998年版,第332页。

② 图片转引自单嘉玖、王岩青:《"龙鳞装"与"刊谬补缺切韵"装裱关系考析》,《故宫博物院院刊》2011年第3期。

③ 李致忠:《中国古代书籍史话》,商务印书馆1996年版,第136页。

④ 据潘吉星《中国科学技术史·造纸与印刷卷》(科学出版社1998年版)第335页插图改绘。

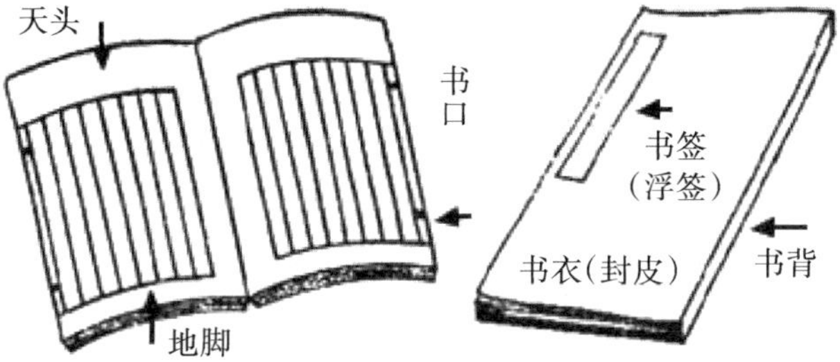

包背装①

包背装的版心与蝴蝶装正好相反，蝴蝶装纸的折线在里，粘连在书脊上，版心位于书脊。由于不是双面印刷，蝴蝶装总是一面有字，一面无字，空白页多。包背装纸的折线在外，无字面被对折在内侧，翻阅时两面有字。包背装形式，一直持续到清代。

有的包背装为了使册页不易脱落，就在靠近书脊处穿孔，用纸捻串联，然后再粘合。纸捻毕竟易断，于是，明清时期，工匠用丝线或细麻线代替纸捻，线装书由此而生。

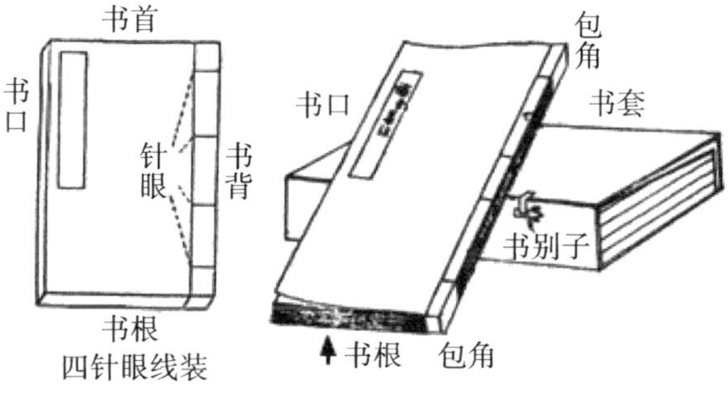

线装书②

现代书籍的装帧，颇为精美，已成为一门艺术。

书籍需要流传，印刷术发明前，书籍流传靠手抄，费时费力费钱，唐代抄写费大约每卷（姑且按每卷6000～8000字算，如果抄写佛经，速度很

① 据李致忠《中国古代书籍史话》（商务印书馆1996年版）第140页插图与潘吉星《中国科学技术史·造纸与印刷卷》（科学出版社1998年版）第336页插图改绘。

② 据李致忠《中国古代书籍史话》（商务印书馆1996年版）第144页插图与潘吉星《中国科学技术史·造纸与印刷卷》（科学出版社1998年版）第338页插图改绘。

慢）一千文[①]，约合白银一两。

受碑拓印章与织物印花的启发，隋唐时出现了雕版印刷[②]，书籍得以大批量复制。唐咸通年间（860—873），雕版印刷已达到很高水平。1906年，新疆吐鲁番出土的《妙法莲华经》（上有武周制字，时当690—699年，现藏日本东京书道博物馆），是目前已发现的最早印刷品。宋元时期，兴起了套色印刷，书籍装帧愈发艺术化。公元1045年前后，北宋毕昇发明了活字印刷，从此，印刷术步入新的阶段。

现代书籍有精装与简装之分，随着科技的发展，电子书以其独特的优势，与纸质书成为现代书籍的两种形态。电子书在传播、查阅、编辑、携带等方面十分方便，纸质书则不受固体硬件和电源等因素的限制，可随时翻阅，且便于旁批笺注，还可以收藏、传世。在提升人类文明、推动社会发展等方面，书籍发挥了巨大作用。

① 钱存训：《书于竹帛——中国古代的文字记录》，上海书店出版社2004年版，第132页。

② 潘吉星：《中国科学技术史·造纸与印刷卷》，科学出版社1998年版，第300页。

诗　词

《诗经》与《楚辞》

中国的诗产生于何时，无从考知，古籍中记载的一些远古歌谣（原始诗歌），真伪难辨，无法论定其产生年代。从第一部诗歌总集《诗经》来看，西周初年的诗，已非常成熟，距今3000多年前，我们的祖先已习惯于以诗明志、审美自然了。

远古时期，人们在生活、劳动、娱乐中，呐喊、呼叫、歌唱，当语言产生后，歌唱中出现了具有实在语言意义的实词，诗歌因此而萌芽，也因此而发展。

最早的诗寄生于歌唱中，适应着歌唱，诗于是有了节拍，有了音节，有了语言上的节奏。音乐节奏与语言节奏并非完全等同，但诗的节奏为音乐所孕育，却是不争的事实。歌唱需要悦耳，而歌词也要上口，这就有了诗句尾字的押韵。节奏与押韵，构成了诗的韵律，成为诗的两大要素。

第一部诗歌总集《诗经》，产生于春秋时期，辑录西周初年至春秋中叶500多年的诗歌305篇。从今本篇目上看，为311篇，有6篇有目无辞（只有题目而无内容），宋代朱熹《诗集传》称之为“六笙诗”，是用笙乐器演奏的，本无歌辞，相当于今天的纯音乐。

《诗经》最初被称为《诗》《诗三百》，西汉时列为儒家经典，称《诗经》，名称从此固定，沿用至今。

从形式上看，《诗经》多为整齐的四言句式（言者，字也），也有一些杂言（二言、三言、五言、六言、七言、八言），如《王风·扬之水》《秦风·权舆》《魏风·伐檀》诸篇，杂言占全书的8%[①]。之所以有这种现象，一方面说明诗的句式适应着表意的需要，另一方面则顺应了音乐的要求，作为歌词的诗并未拘守四言，句式活泼，反映出民歌的特色，同时也是诗的本色。句式固定，整齐划一，那是文人整饬的结果。

谈到句式，很多人认为语气词不算字数，如“坎坎伐檀兮，置之河之干兮”，“兮”字不算字数，因为它只是语气助词，没有实在的语言意义。“坎坎伐檀兮”，四言，“置之河之干兮”，五言。又如汉乐府“上邪，我欲与君相知”，“上邪”就是“天啊”，“邪”字也不算字数。有人指出，语气词虽为虚词，但它所起的表意表情作用，往往在实词之上，试比较“天”与“天啊”的区别，把“上邪”判为一字句，实在不妥。大量使用虚词，是《诗经》的特有现象，如“静言思之”“薄言采之”中的“言”字。正是这些在语言意义上看似冗余的虚字，构成了四言诗的特色，那种认为用虚字凑成一句的“虚字足句说”，实在是一种谬解[②]。汉乐府中的“上邪”，应为二言而非一言，同样，“坎坎伐檀兮”，也是五言而非四言。

《周礼·春官·大师》[③]有这样一段话：“教六诗：曰风、曰赋、曰比、曰兴、曰雅、曰颂。”把“风雅颂”与“赋比兴”都视为诗体名。汉人毛亨为《诗》作传，人称《毛诗故训传》，简称《毛传》《毛诗》。《毛诗》在《关雎》前有一篇较长的《序》，其中说道：“诗有六义焉：一曰风，二曰赋，三曰比，四曰兴，五曰雅，六曰颂。”《毛诗》认为《诗》有六方面的内容、作用，“六义”与“六诗”有了区别。至唐代孔颖达为《毛诗》作疏，认为“风、雅、颂者，诗篇之异体；赋、比、兴者，诗文之异辞耳。大小不同而得并为六义者，赋、比、兴是诗之所用，风、雅、颂是诗之成形，用彼三事，成此三事，是故同称为义，非别有篇卷也”。将“风雅颂”视为“诗之体”，诗的三种体式；“赋比兴”为“诗之用”，诗的三种表现手

① 参见向熹：《诗经语言研究》，四川人民出版社1987年版，第260页。

② 参见孙立尧：《四言诗虚字中心说》，《中国韵文学刊》2006年第4期。

③《周礼》原名《周官》，成书年代迄无定论，较为流行的是战国成书说。

法。从此，“三体三用”说流行至今。

风 指乐曲、曲调。南宋朱熹《诗集传》指出：“风者，民俗歌谣之诗也。”《诗经》里有“十五国风”，160篇，就是十五个诸侯国或地区的方土乐歌、地方民歌①，后世视之为“俗乐”。民歌的最大特点是面对现实，直抒胸臆，无拘束地宣泄情感，歌唱中时而透出浓浓的乡土气息。从地理上看，十五国风大多是北方作品，只有《周南》《召南》产生于江汉一带，是南方的土乐。

雅 清人王念孙《读书杂志》释《荀子·荣辱篇》中的“君子安雅”时说：“雅读为夏，夏谓中国也……古者夏雅二字互通。”黄侃《尔雅略说·论尔雅名义》也说“雅即夏之假借”。高亨《诗经今注·诗经简述》中指出：

> 雅有《小雅》《大雅》，合称二《雅》，共一百零五篇，都是西周王朝直接统治地域——“王畿”的诗歌，多数为朝廷官吏（公卿大夫士）的作品。雅是借为夏字，《小雅》《大雅》就是《小夏》《大夏》。因为西周王畿，周人也称为夏，所以《诗经》的编辑者用夏字来标西周王畿的诗。

“王畿之乐”，用今天的话来讲，就是“京城之乐”。京城之言语音声，在言为“雅言”，在乐为“雅乐”，“雅乐”即“正乐”②，多用于宫廷礼仪。乐入宫廷，要合乎礼乐规范，因此，《雅》诗多了几分严肃，少了一些活泼。

颂 有“三颂”：《周颂》《鲁颂》《商颂》，计40篇。清儒阮元认为，“‘颂’字即‘容’字也”，“容”就是俗语所谓“样子”：

> 所谓《商颂》《周颂》《鲁颂》者，若曰“商之样子”“周之样

---

① 民歌乃口头传唱，形诸文字，难免有被加工的成分。先秦时尚无“俗乐”称谓。

② 《论语注疏》卷十七《疏》：“‘恶郑声之乱雅乐也’者，郑声，淫声之哀者。恶其淫声乱正乐也。”《论语·述而》：“子所雅言，《诗》《书》、执礼，皆雅言也。”孔安国曰：“雅言，正言也。”刘台拱《论语骈枝》：“王都之音最正，故以雅名。”刘宝楠《论语正义》：“周室西都，当以西都音为正。”

子”“鲁之样子”而已，无深义也。何以三《颂》有样而《风》《雅》无样也？《风》《雅》但弦歌笙间，宾主及歌者皆不必因此而为舞容，惟三《颂》各章皆是舞容，故称为“颂”[①]。

“颂”就是“舞容”，一种连歌带舞的样子。《颂》多用于祭祀，是祭祀时用的歌舞曲。庄重纾缓是《颂》的特点。王国维《观堂集林》卷一《说周颂》：“颂之声较风、雅为缓。”凝重的歌辞，搭载着四平八稳的曲乐，虽然没有了《风》的鲜活，却有效地渲染了气氛的庄严。就其文化价值而言，《颂》的史料价值较高而文学价值较低。

关于“赋比兴”，有许多不同的解释，目前最为通行的说法，是朱熹《诗集传》中所言：

赋者，敷陈其事而直言之者也。（《葛覃》）
比者，以彼物比此物也。（《螽斯》）
兴者，先言他物以引起所咏之词也。（《关雎》）

所谓“赋”，就是直接陈述。“比”，“比况”，不单纯是修辞学上所谓的“比喻”，它还有象征、联想的作用。“兴”，先用别的话作个铺垫（犹如“引子”），然后再表现正题。

“诗三百篇，皆可歌可诵可舞可弦”[②]，诗三百就是合乐的歌辞。《左传·襄公二十九年》季札观乐，乐工演唱的是《诗》之诸篇，如《周南》《召南》《邶风》《庸风》《卫风》等。《墨子·公孟》：“诵《诗》三百，弦《诗》三百，歌《诗》三百，舞《诗》三百。”《史记·孔子世家》：“三百五篇，孔子皆弦歌之。”诗三百虽为歌辞，但已摆脱音乐的束缚，成为口头诵读的诗章、不再依附于音乐的独立的语言艺术，为“徒诗”的产生开辟了道路。《左传·襄公二十八年》：“赋诗断章，余取所求焉。”人们截取诗句来支撑自己的观点或表达自己的心意，已是普遍现象。《左传·隐公元年》：

① (清)阮元:《研经室集》(一),中华书局1985年版,第15页。
② (宋)郑樵:《六经奥论·读诗法》,《文渊阁四库全书·经部》第184册,第70页。

“公入而赋：‘大隧之中，其乐也融融。’姜出而赋：‘大隧之外，其乐也泄泄。’”《正义》曰：“赋诗谓自作诗也。”可见赋诗言志，已成常态。

经历过商代的鬼神文化，两周诗歌并未将之视为传统承袭下来，而是面对现实，以人为本，歌唱真实的人生体验，整个《诗经》的主体形象，是人而不是神，即使是《颂》诗中的祭歌，赞美的也是英雄祖先，而不是虚构的神灵。以人为本，面对现实，中国文学的现实主义基础因此奠定，后世文学也因此有了可资借鉴的典范。

由于受音乐时长的限制，歌辞的篇幅一般都不会太长。中国的诗歌一开始就立足于抒情言志，《诗经》里大多是抒情诗，叙事诗数量很少。《诗经》的垂范作用，导引了中国诗歌以抒情为主的美学特征的形成，同时搭建起“诗言志”的常规性创作格局。

《诗经》的抒情，或坦荡率真，或含蓄委婉，或意象朦胧，表现的都是人的现实情感，毫无宗教色彩。人本抒情，成为《诗经》最为突出的一大特色。

《诗经》之后，战国时期的诗歌创作中心，由中原移到了南方楚国。

楚国承袭殷商鬼神文化，巫风盛行，信鬼好祠，成为“楚国南郢之邑，沅湘之间”的习俗。炽热的巫风，影响了楚国的士人。

巫风的中坚是巫觋，“作歌乐鼓舞以乐众神”①。“巫”“舞”同源，“巫”是契文“舞”字的演化。楚国巫风盛行，也可以说是舞风盛行。巫舞要“娱神”，也要“娱人”。灵异诡谲，时而上演神人相通的故事，情节与歌舞形象动人，是巫舞的特色。浪漫的审美情趣，对屈原《楚辞》的创作，有着莫大的影响。

楚国的乐歌，人称“楚声”，楚辞即楚声之辞。楚辞中喜欢用“兮”字，屈原之前，先秦南北民谣中已有用“兮”的习惯。“兮”，古读如“侯”，无词汇意义，仅仅是歌辞中的衬声字。作为衬声字，它完全依据乐舞的需要，用来满足乐曲的变化以及节拍的休止或延长，不在乎表意，而在于咏叹、抒情，在于适应乐曲的回环跌宕，造成动人的美学效应。《楚

① (汉)王逸撰，黄灵庚点校：《楚辞章句》，上海古籍出版社2017年版，第42页。

辞》中"兮"字的运用，并不是一种"创造性"行为，而是适应歌乐需要的一种自然表现[①]。由于《楚辞》的巨大影响，"兮"字后来成为骚体诗的标签用字。

"楚辞"二字，最早见于西汉司马迁《史记·酷吏列传》："买臣以楚辞与助具幸"（朱买臣与庄助均汉武帝时人，因能歌唱"楚辞"，受到天子宠爱），这里的"楚辞"是诗体名。至于司马迁之前是否已有"楚辞"称谓，不得而知。

西汉末年，刘向校书，将屈原、宋玉的作品以及汉人仿作汇编为《楚辞》十六卷：

> 刘向裒集屈原《离骚》《九歌》《天问》《九章》《远游》《卜居》《渔父》，宋玉《九辨》《招魂》，景差《大招》，而以贾谊《惜誓》、淮南小山《招隐士》、东方朔《七谏》、严忌《哀时命》、王褒《九怀》及向所作《九叹》，共为《楚辞》十六篇，是为总集之祖。[②]

刘向之后，东汉王逸作《楚辞章句》十七卷，为目前所能见到的最早《楚辞》注本。

《楚辞》成书，编集于刘向，定名于王逸。"楚辞"这一名称，于是有了两方面的含义：一是诗体名，一是诗歌总集名。

据王逸《楚辞章句》，屈原作品计二十五篇：《九歌》十一，《九章》九，《离骚》《天问》《远游》《卜居》《渔父》各一。其中《远游》《卜居》《渔父》，学术界多疑为伪作，而《招魂》当为屈原所作。

作为中国的第二部诗歌总集，《楚辞》在体式上有着如下一些特点：

第一，浓厚的地方色彩。宋人黄伯思《东观余论·校订楚辞序》中说："盖屈宋诸骚，皆书楚语，作楚声，纪楚地，名楚物，故可谓之楚辞。"书楚语：用楚国方言，如"些、只、羌、谇"等。作楚声：发的是楚国声调，

① 许晓林：《巫·舞·兮》，《安徽师范大学学报》（人文社会科学版）1998年第3期。

② （清）永瑢：《四库全书总目提要》卷一四百八十集部一《集部总叙》，清乾隆武英殿刻本。

合乐而歌。纪楚地：所记乃楚地风土人情与传闻时事。名楚物：称说的是楚国物产。

第二，由于配乐的需要，《楚辞》中存在着作为乐章的某些体制。古代乐曲的尾声部分叫作“乱”，《楚辞》中也就有了“乱”辞，如《离骚》[①]《涉江》《招魂》等。

第三，突破了四言格局。《楚辞》以六言为主，配以杂言，长短相间，形式上更为自由，如《离骚》《九章》《九歌》等。

第四，频繁使用“兮”字。大量使用“兮”字，是《楚辞》的一个显著特征，“兮”字在《楚辞》中起着调整节奏、宣泄情感的作用。

第五，有了表示作品立意的标题。我国诗歌标题的出现，始于《楚辞》。

屈原之后，宋玉、唐勒、景差等也有一些楚辞作品。唐勒、景差之作已亡佚，今传宋玉《九辨》，1751字，句式较屈原《离骚》更为活泼，更擅长用景物描写来渲染气氛，特别是多方铺写的手法，对汉代辞赋的发展有着直接的影响。另外，宋玉在《九辨》中将内心悲凉物化为自然界的秋之寂寥，开后世悲秋创作之先河，明人胡应麟誉之为“千古言秋之祖”[②]。

楚辞是入乐的，但音调早已失传，汉武帝时能为楚辞者，寥若晨星。这里的“为”，不是“诵”，而是“唱”。用楚语诵读楚辞，沅湘文士，皆可为之。正因为是“唱”，所以为之者少，《史记》才会有“买臣以楚辞与助具幸”语。《汉书·王褒传》记载：“宣帝时修武帝故事……征能为楚辞九江被公，召见诵读。”真唱起来，歌词恐怕没人听得懂，宣帝召能歌唱楚辞的九江被公去诵读楚辞，也就不难理解了。至隋朝，能歌唱楚辞的人，更是凤毛麟角，只有释道骞“善读之，能为楚声，音韵清切”[③]。所谓“善读之”，当为唱念其辞，不会是单纯的楚方言诵读。楚辞入乐，并不代表《离骚》亦可入乐。《离骚》是《楚辞》代表作，中国古代抒情诗中的“鸿篇巨

①《离骚》虽有“乱辞”，但未必被演唱，详后所述。

②（明）胡应麟：《诗薮》，上海古籍出版社1979年版，第5页。

③（唐）魏徵：《隋书》卷三十五志第三十《经籍四》，清武英殿刻本。

制”，372句，2489字。要力证《离骚》为“歌诗”，很不容易。杨荫浏认为《离骚》是歌曲[①]。朱谦之《中国音乐文学史》第四章“论楚声”认为：“《离骚》本是一种长篇的乐歌，所以总结有‘乱曰’一段。”[②]屈原写《离骚》时，篇末虽使用了“乱曰”，但这并不能证明《离骚》成篇后有乐曲与之相配（如同后来乐府诗也多有徒诗），历史上也无演唱《离骚》的记载。吟唱《离骚》是有可能的，但“吟唱”毕竟不等于“歌唱”。后世的《离骚》琴曲，不能证明先秦时《离骚》的入乐。歌唱《离骚》，如无铁证，难以使人信服。372句的唱辞，太长，很难想象人们有耐性听得下去。

《楚辞》常用“香草”“美人”喻己、喻君、喻贤臣、喻君子、喻美德、喻人格，形成独特的喻象系统，构建出爱憎分明的抒情范式，充分表达了自己的审美理想，把读者引入一个对道德、对人格、对美政、对人生的新的审美境界。屈原还借用大量神话传说，用华美的词句勾勒幻境时空，情感恣意驰骋，激情澎湃地道出自己的价值取向。香草美人的抒情范式以及幻境的情感奔驰，构成了《楚辞》独特的艺术风格。

《诗经》是群体性的合集，今本《楚辞》从形式上看，也是多人作品选集，但清儒章学诚却说：“《楚词》，屈原一家之书也”[③]，视《楚辞》为屈原个人专集。汉代人编书，喜欢经、传合辑，刘向编辑《楚辞》时，就是以屈原之作为“经”，他人之作为“传”[④]，而那些属于“传”的部分，很像今天书中的附录。“汉人家法，以传解经，传不违经。正是在这个意义上，把《楚辞》一书的著作权归于屈原”[⑤]，所以把《楚辞》看作中国诗歌发展史上的第一部个人专著，是有道理的。

中国的浪漫主义文学，起源于神话。神话还处于一种半文学状态。战国时期，散文《庄子》，诗歌《楚辞》，已是成熟的文人浪漫主义佳作。这

---

① 杨荫浏：《中国古代音乐史稿》（上），人民音乐出版社2004年版，第63页。

② 朱谦之：《中国音乐文学史》，上海人民出版社2006年版，第133页。该书举例：“清和素编《琴谱合璧》卷十五也有《离骚操》，有曲无文。”

③（清）章学诚著，叶瑛校注：《文史通义校注》，中华书局1985年版，第298页。

④ 参见孙作云：《〈楚辞〉与上古史研究》，《史学月刊》1990年第6期。

⑤ 董运庭：《论楚辞流传与“屈原一家之书”的〈楚辞〉结集》，《云梦学刊》2005年第3期。

两部书，堪称先秦浪漫主义文学的两座高峰，为其后中国浪漫主义文学创作传统奠定了坚实基础。

《诗经》里的《国风》与《楚辞》中的《离骚》，都是具有标志性的作品，“风”“骚”并称，就代表了中国文学现实主义与积极浪漫主义两大流派，为后世文学的发展指示了两条光明大道。

《楚辞》中的代表作是《离骚》，“楚辞体”诗歌因此又称“骚体诗”。

屈原62岁那年，也就是公元前278年，秦兵攻陷楚国郢都，屈原感到救国无望，理想破灭，于农历五月初五，在湖南投汨罗江自尽。

《楚辞》很早就被介绍到国外，有多种外文译本：1852年费慈曼《离骚》《九歌》德文译本，1870年德理文《离骚》法文译本，1879年巴克《离骚》英文译本，1900年桑克谛《楚辞》意大利文译本①。此外，还有俄语、土耳其语、日语、韩语等译本。唐代，《楚辞》就已传入日本，也传到了朝鲜（或疑三国时就已传入）。

1952年12月，世界人民和平大会“缓和国际紧张局势问题小组委员会”建议：“世界各国都庆贺并纪念人类的伟人。”该建议被世界和平理事会常务委员会通过，建议在1953年纪念四位世界文化名人：中国的伟大诗人与爱国者屈原，波兰天文学家尼古劳斯·哥白尼，法国文学家弗朗索瓦·拉伯雷，古巴作家及民族运动领袖何塞·马蒂。1953年9月，北京隆重举行了世界四大文化名人纪念大会。

汉乐府与《古诗十九首》

经过汉初的休养生息，汉武帝时，社会生产力得到发展，社会安定，经济繁荣，人民生活水平有了较大提高。伴随着生活质量的改善，人们的娱乐愿望开始增长，文化消费成为普遍而又普通的行为。

歌舞，是当时最主要的一种娱乐方式。从宫廷到民间，歌舞娱神又娱人，满足着不同阶层人的生理与心理需求。

① 闻宥：《屈原作品在国外》，《光明日报》1953年6月13日。

朝廷设音乐官署“乐府”（乐，音乐；府，官署），始于秦代，至汉武帝时，规模扩大，工作人员达829人，专职歌诗创作、制定乐谱、训练乐工、歌舞演出。据《汉书·艺文志》载，西汉时经乐府处理过的歌诗有314篇，其中民歌138篇。西汉末年，哀帝刘欣即位两个月，下诏“罢乐府”，裁去441人。乐府罢黜，民歌散失，诗、乐进一步分离，“声失则义起”①，徒诗的创作渐成主流。东汉时，乐府虽不复存在，但民间乐府艺术仍在继续，歌舞娱乐依然炽盛。

经乐府配乐的诗，汉人称之为“歌诗”，不入乐的，为“徒诗”。汉代还没有“乐府诗”这样的指称。魏晋以后，乐府歌诗统称为“乐府”，“乐府”的内涵起了变化，音乐机关的名称变成了诗体名。至唐代，人们抛开音乐而仅从内容着眼，将沿用乐府旧题所作之诗称为“乐府”，乐府诗与音乐脱离了关系。宋元时，人们又立足音乐，将“词”“曲”称为“乐府”。“乐府”概念，随时代而变化，不同时期有着不同的含义。

宋人郭茂倩的《乐府诗集》，搜集乐府歌辞最为完备。该书辑录宋代以前乐府歌辞及歌谣5290首，其中署名作者576人，作品3793首，无名氏作品1497首②。郭氏将乐府诗分为十二类：

《郊庙歌辞》（汉至五代）。
《燕射歌辞》（晋至隋）。
《鼓吹曲辞》（汉至唐）。
《横吹曲辞》（汉至梁）。
《相和歌辞》（汉）。
《清商曲辞》（晋至隋）。
《舞曲歌辞》（汉至隋）。
《琴曲歌辞》（唐虞至隋唐）。
《杂曲歌辞》（汉至唐）。

①（宋）郑樵：《通志》卷四十九乐略第一《乐府总序》，清文渊阁四库全书本。
②［日］增田清秀：《乐府の历史的研究》，东京创文社1975年版，第441页。

《近代曲辞》（隋唐）。

《杂歌谣辞》（唐虞至隋唐）。

《新乐府辞》（唐）。[①]

从来源上看，汉乐府诗出自贵族、文人与民间。贵族、文人之作，歌功颂德，类如“雅乐”，古奥典雅几无生气。只有民间的“俗乐”，才是乐府精华之所在。两汉民歌主要保存在“相和”“鼓吹”“杂曲”中。

相和　和（hè），伴和，也就是伴奏，歌唱时以器乐相伴叫“相和”。《陌上桑》归此类。

鼓吹　大多用于军乐，使用箫、铙（击打乐器）、笳（类似笛子）、胡角（胡人吹奏乐器）等乐器。《战城南》《有所思》《上邪》归于此类。

杂曲　声调失传、无可归类，故名“杂曲”。杂曲歌辞中名篇甚多，如汉末乐府《孔雀东南飞》等。

汉乐府有作者可查的首篇作品，是汉高祖刘邦的宠姬唐山夫人所作的《房中祠乐》，《汉书·礼乐志》改题为《安世房中歌》，属祭祀乐歌。房，“谓祠堂也”（《后汉书·桓帝纪》“坏郡国诸房祀”注）。祭祖仪式完毕后，奏《房中祠乐》。唐山夫人因此成为汉朝的第一个女诗人。

汉乐府中，真正有文学价值的是民歌。严格来讲，“汉乐府”实际上指的就是民歌[②]。西汉朝廷乐官，有太乐令、乐府令，太乐令执掌雅乐，乐府令掌管俗乐。从音乐和诗体角度看，广义的汉乐府，包括贵族、文人以及民间的作品；狭义的汉乐府，仅指俗乐民歌。在汉代儒生看来，乐府就是俗乐，乐府诗就是俗体。

汉乐府在形式上：

一、句式上多用杂言。三、四、五、七言都有，但完整的七言体不多见，而有不少完整的五言体，多产生于东汉时期。

---

① 陆侃如、冯沅君：《中国诗史》，山东大学出版社2000年版，第139—140页。

② 木斋《古诗十九首与建安诗歌研究》（人民文学出版社2009年版，第45页）：“两汉之乐府，皆为宫廷乐府。”第51页：（民歌）“一旦进入宫廷，也就成为了宫廷文化的组成部分，就其本质而言，已经不是民歌了。”木斋认为“乐府民歌”的概念并不准确。

二、乐府的曲调在音乐上往往分为若干段落，每一段落称为“解”，亦即每一章大体相当于一“解”。“解”是指音乐曲调的演奏次数，一首歌，反复演奏三次，便有三“解”。杨荫浏认为：“‘一解’是第一次奏乐或跳舞，‘二解’是第二次奏乐或跳舞，余类推。”[①]另外，有些乐府除了主曲之外，还有所谓“艳”“趋”“乱”等部分。“艳”，在主曲的前面，相当于序曲，“艳”不属于“解”的部分。“趋”和“乱”是结束曲，位于“解”之后。杨荫浏认为，“趋”和“乱”，是结束曲的不同称谓，“艳往往是抒情比较宛转的部分，趋往往是感情比较紧张的部分”[②]。“趋”“乱”位于全曲末尾，故又称之为“送声”。

三、由于配乐的原因，歌辞中往往有拼凑、穿插、衬声字（有音无义的字）、记声字（记乐谱之字）混搅的现象。当时的乐工以大字记录歌辞，小字记谱记声，经过时空变换，在流传的过程中，大小字混淆，一些原有的间隔也被去掉，后人读汉乐府便产生了不少困难，哪些字是衬声字、该从哪里断句都成了问题。

四、命题多用“歌、行、曲、引、吟、谣”等字样。《乐府诗集·杂曲歌辞一》说：“诗之流乃有八名：曰行、曰引、曰歌、曰谣、曰吟、曰咏、曰怨、曰叹。”明代徐师曾说：

> 乐府命题，名称不一：盖自琴曲之外，其放情长言，杂而无方者曰“歌”；步骤驰骋，疏而不滞者曰“行”；兼之曰“歌行”；述事本末，先后有序，以抽其臆者曰“引”；高下长短，委曲尽情，以道其微者曰“曲”；吁嗟慨歌，悲忧深思，以呻其郁者曰“吟”；因其立辞之意曰“辞”；本其命篇之意曰“篇”；发歌曰“唱”；条理曰“调”；愤而不怒曰“怨”；感而发言曰“叹”。又有以“诗”名者，以“弄”名者，以“章”名者，以“度”名者，以“乐”名者，以“思”名者，以“愁”名者。[③]

---

① 杨荫浏：《中国古代音乐史稿》（上），人民音乐出版社2004年版，第116页。

② 杨荫浏：《中国古代音乐史稿》（上），人民音乐出版社2004年版，第115页。

③（明）徐师曾著，罗根泽校点：《文体明辨序说》，人民文学出版社1998年版，第104页。

汉乐府有《房中歌》《妇病行》《白头吟》《箜篌谣》等。

两汉乐府今存148首，其中民歌55首[①]。这些民歌，“感于哀乐，缘事而发”[②]，唱出了现世的人生遭遇和情感，暴露出许多社会问题。《上邪》为爱情赌咒发誓，慷慨激昂，是中国爱情诗中第一篇誓言诗；《十五从军行》抨击了不合理的兵役制度；《东门行》写出了饥寒交迫下的官逼民反；《战城南》哀恸不已诅咒了战争罪行；《陌上桑》通过故事情节歌颂了高尚的女性。最著名的是《孔雀东南飞》（即《焦仲卿妻》），洋洋洒洒，353句，1785字，塑造了鲜明的人物形象，标志着中国叙事诗的成熟，成为中国叙事诗的第一座高峰，清代沈德潜《古诗源》将之誉为叙事体中“古今第一首长诗”。

作为一种演唱文学，汉乐府民歌一景一物就勾勒出社会的生态环境，一事一语就道出了民众的质朴情怀，街陌谣讴，通俗自然。叙事故事化，句式自由化，是两汉乐府民歌的显著特色。

南朝时，梁代昭明太子萧统编辑《文选》，将汉代文人的一些“三无”作品（无具体的创作时间、无作者名、无篇名）合在一起，题为《古诗十九首》，这一名称沿用至今。

关于《古诗十九首》的作者以及产生年代，一直是中国文学史上的一桩悬案。木斋详加考辨，认为“十九首是建安曹魏时期之作。文学史上的‘建安’，是有别于东汉的另一个时期，包括历史上的建安年号和曹魏时期，这已经是另一个时代（魏晋南北朝）的开始”[③]，同时指出“曹植为十九首的主要作者”[④]。

《古诗十九首》是一组文人五言抒情诗，风格相近，各篇无标题，《文选》辑录时亦未命题。汉代以后，人们习惯取诗篇首句以为题目，如西晋陆机有《拟行行重行行》《拟迢迢牵牛星》等。《古诗十九首》各篇标题就这样相沿成习，固定下来。

---

① 李春祥主编：《乐府诗鉴赏辞典》，中州古籍出版社1990年版，前言第2页。

② （汉）班固：《汉书·艺文志》，中华书局1962年版，第1756页。

③ 木斋：《古诗十九首与建安诗歌研究》，人民文学出版社2009年版，第6页。

④ 木斋：《古诗十九首与建安诗歌研究》，人民文学出版社2009年版，第158页。

中国历代文人都有一种伤感情结，人生之短促，生命之脆弱，成为文人心头永恒的悲凉。在感伤情绪的笼罩下，秋日的草木摇落，天边的夕阳西下，清晨的晶莹露珠，空中的北雁南飞，都成为人生咏叹的对象。无奈与悲怆，使他们或唏嘘喟叹，或放浪形骸，或竭力拼搏。无法荡涤的伤感，既吞噬着文士多愁善感的灵魂，又激发了他们不欲虚度的生命动力。《古诗十九首》的主题是悲情的，沦落天涯，游子思妇，人生失意，生命无常，都浸润在悲凉中，没有呐喊，没有抗争，只有无奈与哀伤，悲凉而无慷慨，就连感悟到的及时行乐（仅两首），也是人生价值无法实现转而寻求的快乐向往与苦闷排遣。悲情主题所表现出的生命认识，正是人类普遍生存意识的真实抒写，自然会引起无数后世文人的共鸣。余味无穷的人生嗟叹以及语短情长的艺术张力，为后来建安诗歌的悲凉慷慨提供了借鉴，同时也促进了中国感伤主义文学传统的形成。

从《诗经》《楚辞》的抒情，到汉乐府的叙事，《古诗十九首》的出现，宣告了抒情诗的回归，文人抒情诗重新登上中国文学创作的舞台。

对《古诗十九首》的评价：

南朝钟嵘《诗品·古诗》："意悲而远……一字千金。"

南朝刘勰《文心雕龙·明诗》："五言之冠冕。"

唐代僧人皎然《诗式·李少卿并古诗十九首》："天与其性，发言自高。"

南宋张戒《岁寒堂诗话》卷上："其情真，其味长，其气胜。"

南宋胡仔《苕溪渔隐丛话前集》卷第一《国风汉魏六朝上》："诗皆思深远而有余意，言有尽而意无穷。"

元代陈绎《诗谱·古诗十九首》："情真、景真、事真、意真，澄至清，发至情。"

明代胡应麟《诗薮·内篇》："诗之难，其《十九首》乎！畜神奇于温厚，寓感怆于和平；意愈浅愈深，词愈近愈远；篇不可句摘，句不可字求。"

明代王世贞《艺苑卮言》卷二："谈理不如《三百篇》，而微词婉旨，遂足并驾，是千古五言之祖。”

明代陆时雍《古诗镜》卷二：“《十九首》深衷浅貌，短语长情。”

清代刘熙载《诗概》：“《十九首》凿空乱道，读之自觉四顾踌躇，百端交集。诗至此，始可谓其中有物也已！”

清代沈德潜《说诗语》卷上：

古诗十九首，不必一人之辞，一时之作。大率逐臣弃妻，朋友阔绝，游子他乡，死生新故之感。或寓言，或显言，或食覆言。初无可辟之思，惊险之句；而西京古诗，皆在其下，是为国风之遗。

清代袁枚《随园诗话》卷七：

无题之诗，天籁也；有题之诗，人籁也。天籁易工，人籁难工。《三百篇》《古诗十九首》，皆无题之作，后人取其诗中首面之一二字为题，遂独绝千古。汉、魏以下，有题方有诗，性情渐漓。至唐人有五言八韵之试帖，限以格律，而性情愈远；且有“赋得”等名目，以诗为诗，犹之以水洗水，更无意味。从此，诗之道每况愈下矣。余幼有句云：“花如有子非真色，诗到无题是化工。”略见大意。

梁启超《中国之美文及其历史·建安以前汉诗》：

《十九首》之价值，全在意内言外，使人心醉，其真意所在，苟非确知其“本事”，则无从索解。但就令不解，而优饫涵讽，已移我情……千余年来中国文学，都带悲观消极的气象，《十九首》的作者怕不能不负点责任哩。[①]

朱光潜《给青年的十二封信·谈读书》：“你与其读千卷万卷的诗集，

① 梁启超：《中国之美文及其历史》，东方出版社1996年版，第130—132页。

不如读一部《国风》或《古诗十九首》。”[①]

建安诗歌

“建安”是东汉献帝的年号，即公元196年至220年。文学史上所谓的建安时期，实际上把此前的黄巾起义时期（汉灵帝中平元年，即公元184年）、此后的三国初期（魏明帝景初三年，即公元239年）都包括在内了，“建安文学”即指这五十余年间的文学，其文学形式主要是诗歌，著名诗人有三曹（曹操、曹丕、曹植）、七子（孔融、陈琳、王粲、阮瑀、徐幹、应玚、刘桢）以及女诗人蔡琰。

人的最大不幸，莫过于生逢乱世。建安时期，天灾人祸，历所罕见，民不聊生，朝不保夕，生态环境极其恶劣，人生苦难达到顶点。

东汉末年，政治极其腐败，百姓走投无路，公元184年2月，爆发了黄巾起义。数十天内，“天下响应”[②]。同年10月，黄巾军主力溃败。在镇压起义军的过程中，官军杀戮农民军几十万人，尸骨遍野。献帝时，董卓率西北军开进洛阳，兵士奸淫掳掠，无恶不作，甚至包围正在祭祀社神的民众，砍下所有男子头颅，系之于车辕，车载妇女财物，欢呼而归，声称“攻贼大获”。190年正月，袁绍于山东起兵讨伐董卓，董卓挟持献帝，驱赶百姓自洛阳迁徙长安，“尽徙洛阳人数百万口于长安，步骑驱蹙，更相蹈藉，饥饿寇掠，积尸盈路。卓自屯留毕圭苑中，悉烧宫庙官府居家，二百里内无复孑遗”[③]。192年5月，王允串通董卓部将吕布刺杀董卓，此后董卓旧部入长安杀王允，其他董卓旧部又相互厮杀。建安元年（196年），“长安城空四十余日……二三年间，关中无复人迹”[④]。在声讨董卓的名义下，各地军阀相互争战，百姓死者过半，村落多成废墟。曹操在193年伐陶谦于彭城（今徐州铜山县），杀数万流民于泗水，以至尸体阻塞河道，“水为不

①《朱光潜全集》第1卷，安徽教育出版社1987年版，第7页。

②（南朝宋）范晔著，（唐）李贤等注：《后汉书·皇甫嵩传》，中华书局1965年版，第2300页。

③（南朝宋）范晔著，（唐）李贤等注：《后汉书·董卓列传》，中华书局1965年版，第2327页。

④（南朝宋）范晔著，（唐）李贤等注：《后汉书·董卓列传》，中华书局1965年版，第2341页。

流”。曹操后又“引军从泗南攻取虑、睢陵、夏丘诸县，皆屠之，鸡犬亦尽，墟邑无复行人”[①]。军阀连年混战，“鄢陵（属颍川郡，今河南鄢陵）旧有民户五六万家，经过战火浩劫之后，也只剩下数百民户；人口集中的黄河流域，‘名都空而不居，百里绝而无民者，不可胜数’（仲长统《昌言·理乱篇》），‘野战死亡，或门殚亡尽’（《三国志·魏志·明帝纪》注引《魏略》），‘百姓死亡，暴骨如莽’（《三国志·魏志·文帝纪》注引《典论·自叙》），造成了‘千里无人烟’与‘白骨蔽平原’的悲惨景象”[②]。黄巾起义后的三十多年内，社会一片混乱，三国鼎立局面形成后，虽也连年战争，但社会环境略见好转。

汉献帝刘协在位的31年间（189—220年），发生水灾10次，旱灾9次，蝗灾5次，震灾7次，疫灾6次，风灾1次，雹灾2次，寒灾1次，火灾2次，共受灾43次，平均每年受灾1.39次[③]。这些灾害，对人类生存有着巨大威胁。张仲景说，他的宗族以前有二百多人，建安元年（196年）后，不到十年时间，三分之二的人死于瘟疫。建安十三年（208年），曹操与刘备战，遇大疫，士卒多死。建安二十二年（217年），邺中七子中的徐幹、陈琳、刘桢、应场染疫而亡。曹植《说疫气》中讲道：“建安二十二年，疠气流行，家家有僵尸之痛，室室有号泣之哀。或阖门而殪，或覆族而丧。”除瘟疫外，旱蝗之灾，亦令人心惊。《中国灾害通史·秦汉卷》对蝗灾有着这样的描述：

> 导致我国大面积严重蝗灾的蝗虫叫东亚飞蝗，这种蝗虫繁殖力强，对温湿度有很强的适应能力，分布区域广泛，食源广泛，饥饿的蝗虫甚至会对人畜等进行攻击，历史上曾有这种蝗虫吃猪、吃人的记载，如晋天福年间（936—943年），“天下大蝗，连岁不

---

① （晋）陈寿撰，（南朝宋）裴松之注，陈乃乾校点：《三国志·魏书·荀彧荀攸贾诩传》（裴注引《曹瞒传》语），中华书局1959年版，第310页。

② 王仲荦：《魏晋南北朝史》，上海人民出版社2003年版，第23页。

③ 天灾数据，笔者据焦培民、刘春雨、贺予新的《中国灾害通史·秦汉卷》统计，详见焦培民、刘春雨、贺予新：《中国灾害通史·秦汉卷》，郑州大学出版社2009年版，第二、三章及附录。

解，行则蔽地，起则蔽天……入人家舍，莫能制御，穿户入牖，并溷填咽，腥秽床帐，损啮书衣，积日连宵，不胜其苦”，“喽啮群豕有若堆积，豕竟困顿不能御之，皆为蝻所杀”。明崇祯十七年(1644年)，“河南飞蝗食民间小儿。每一阵来，如猛雨毒箭，环抱人而食之，顷刻皮肉俱尽”。清乾隆五十年（1785年)，“大蝗，人有不辟路径为蝗所食者”。更严重的是，这种蝗虫具有很强的迁飞能力，能够飞到几百公里以外的地方,危害范围极大。①

蝗灾与旱灾往往并发，古书因此将“旱”“蝗”并称。194—197年连续4年发生旱蝗灾害，人们食不果腹。汉献帝兴平元年（194年）六月，“是时旱蝗少谷，百姓相食”②。旱蝗造成人吃人的灾难。献帝兴平二年（195年)，“旱蝗谷贵，民相食”③。献帝建安元年（196年)，“蝗虫大起，岁旱无谷，后宫食枣菜”④。后宫如此，百姓如何？蝗螟毁灭庄稼抢夺食物，旱灾则使田禾枯死颗粒无收。献帝兴平元年（194年)，“三辅大旱……人相食啖，白骨委积”⑤。献帝建安十二年（207年)，“时寒且旱，二百里无复水，军又乏食，杀马数千匹以为粮，凿地入三十余丈乃得水”⑥。各种灾害，夺去千千万万人的生命。

天灾人祸，百姓流离失所，饿殍遍野，人人朝不保夕，人间几成地狱。曹操《蒿里行》说：

铠甲生虮虱，万姓以死亡。白骨露于野，千里无鸡鸣。生民百遗一，念之断人肠。

写出了战争带给人民的灾难，表达了对百姓的同情以及内心的悲怆。

董卓焚毁洛阳，挟持献帝从洛阳迁都长安，胁迫百万人口西迁，百姓

① 焦培民、刘春雨、贺予新:《中国灾害通史·秦汉卷》,郑州大学出版社2009年版,第71页。

②（南朝宋）范晔著,（唐）李贤等注:《后汉书·刘焉袁术吕布列传》,中华书局1965年版,第2346页。

③（南朝宋）范晔著,（唐）李贤等注:《后汉书·刘虞公孙瓒陶谦列传》,中华书局1965年版,第2363页。

④（东晋）袁宏撰,张烈点校:《两汉纪·后汉纪·孝献皇帝纪》,中华书局2002年版,第545页。

⑤（南朝宋）范晔著,（唐）李贤等注:《后汉书·孝献帝纪》,中华书局1965年版,第376页。

⑥ 裴松之注《三国志·魏书·武帝纪》“九月,公引兵自柳城还”引《曹瞒传》语。

长途跋涉哭声恸天，曹操痛心疾首：

> 贼臣持国柄，杀主灭宇京。荡覆帝基业，宗庙以燔丧。播越西迁移，号泣而且行。瞻彼洛城郭，微子为哀伤。（《薤露行》）

曹操将自己比作商周时的微子，眼望京城废墟哀伤难抑。在军旅中长大的曹植，面对现实：

> 步登北邙阪，遥望洛阳山。洛阳何寂寞，宫室尽烧焚。垣墙皆顿擗，荆棘上参天。不见旧耆老，但睹新少年。侧足无行径，荒畴不复田。游子久不归，不识陌与阡。中野何萧条，千里无人烟。念我平常居，气结不能言。（《送应氏诗二首（一）》）

建安七子之王粲更是在《七哀诗》中以史家笔法写出初平三年（192年）董卓部将李傕、郭汜纵兵攻陷长安时的景象：

> 西京乱无象，豺虎方遘患。复弃中国去，委身适荆蛮。亲戚对我悲，朋友相追攀。出门无所见，白骨蔽平原。路有饥妇人，抱子弃草间。顾闻号泣声，挥涕独不还。未知身死处，何能两相完？驱马弃之去，不忍听此言。南登霸陵岸，回首望长安。悟彼下泉人，喟然伤心肝。

女诗人蔡琰的《悲愤诗》，是中国第一首自传体文人五言诗，写出了大动乱带来的切身遭遇，可谓是当时人民苦难生活的真实记录，其中写道：

> 卓众来东下，金甲耀日光。平土人脆弱，来兵皆胡羌。猎野围城邑，所向悉破亡。斩截无孑遗，尸骸相撑拒。马边悬男头，马后载妇女……既至家人尽，又复无中外。城廓为山林，庭宇生荆艾。白骨不知谁，纵横莫覆盖。出门无人声，豺狼号且吠。茕茕对孤景，怛咤糜肝肺。登高远眺望，魂神忽飞逝。奄若寿命尽，旁人相宽大。为复强视息，虽生何聊赖。

血泪诗篇，令人肠断。

用史笔写诗，再现历史，再现社会现实，不是心有所思而咏史，让历史作为自己心绪的注脚，而是面对社会现状无法遏制内心的悲愤道出了眼前的一切，如此诗篇，"真诗史也"[①]。

感时伤乱、人生苦短，发言自然悲恸；理想向往、价值追求，情志难免飞扬。"慷慨有悲心，兴文自成篇"（曹植《赠徐幹》）。悲凉慷慨，成为建安诗歌的主调。"对酒当歌，人生几何？譬如朝露，去日苦多"（曹操《短歌行》）。心境何其悲凉！人生感叹引发的不是黯然泣下，却是结束乱世一统天下的慷慨之志："周公吐哺，天下归心。"悲凉与慷慨，位于人的情感两极，曹操将两种不同的情感汇于一篇，构建出悲凉慷慨的情感形式，匠心独具，堪称典范。

刘勰《文心雕龙》谈及建安文学：

> 观其时文，雅好慷慨；良由世积乱离，风衰俗怨，并志深而笔长，故梗概而多气也。

陆侃如、牟世金译文：

> 试看这一时期的作品，常常慷慨激昂；的确由于长期的社会动荡，风气衰落，人心怨恨，因而作者情志比较深刻，笔意比较深长，作品也就常常激昂慷慨而气势旺盛了。[②]

这里指出了这一时期文学的特点。建安文学（诗歌）所具有的风貌与情感力度，被宋人严羽誉为"建安风骨"："黄初之后，惟阮籍《咏怀》之作，极为高古，有建安风骨"[③]。严羽是最早明确提出"建安风骨"概念的人。在此之前，刘勰《文心雕龙·风骨》将"风骨"概念用于文学评判，

---

① 明代钟惺、谭元春《古诗归》评曹操《薤露行》："汉末实录，真诗史也。"参见《续修四库全书》（集部），上海古籍出版社2002年版，第425页。

② 陆侃如、牟世金：《文心雕龙译注》下册，齐鲁书社1982年版，第328页。

③（宋）严羽：《沧浪诗话·诗评》，明津逮秘书本。

认为诗文应当具有好的整体面貌（“风”）与有力的情感表现（“骨”）。到了唐代，陈子昂《与东方左史虬修竹篇序》提出了“汉魏风骨”：“文章道弊五百年矣。汉魏风骨，晋宋莫传。”陈子昂说的“汉魏风骨”与后来严羽指称的“建安风骨”，基本精神是相通的。

对建安文学的代表人物，范文澜有一段很好的阐述：

代表建安文学的最大作者是曹操和曹植。大抵文学史上每当创作旺盛的时期，常常同时出现两个代表人物：一个是旧传统的结束者，一个是新作风的倡导者。曹操曹植正是这样的两个人物。

曹操所作诗文，纯是两汉旧音。不过，因为他是拨乱世的英雄，所以表现在文学上，悲凉慷慨，气魄雄豪。特别是四言乐府诗，立意刚劲，造语质直，《三百篇》以后，只有曹操一人号称独步。不是他气力十分充沛，四言诗是不能做好的。说曹操是旧传统的结束者，他的四言乐府诗应是一个重要的特征。钟嵘《诗品》列曹操为下品，是齐梁人陋见，并非公评。

曹植文才富艳，思若有神，被曹丕逼迫，满怀忧愤，发为诗文，情采并茂。他的五言诗，不仅冠冕众作者，而且为魏晋南北朝文士开出新门径。①

曹操的四言诗，究竟如何？张作耀《曹操评传》说：

曹操乐府诗有五言、四言、杂言三种。其叙事体乐府多用五言，抒情体乐府则多用四言。诸多学者认为，曹操作诗，尤工四言。四言诗从《诗经》开始，已有一千余年，形式僵化，极少佳作出现。曹操竟在新的历史条件下，发展、充实了这种诗体，使其获得新生。清人沈德潜《古诗源》说：“曹公四言，于三百篇外，自开奇响。”这一评价，当是受之无愧的。诸如《短歌行》《步出夏门行》等都是绝好的四言诗。明人钟惺评论《短歌行·对酒》

---

① 范文澜：《中国通史简编》第二编（修订本），人民出版社1965年版，第252页。

说："四言至此，出脱《三百篇》殆尽。"谭元春则说："此等句，开唐人四言妙境。"（《古诗归》卷七）近人萧涤非亦颇赞赏，认为"四自简短，易为板垛，而操此作，不惟语句自然，且气魄雄伟，音调壮阔，故不可及"。

曹操《步出夏门行·龟虽寿》是学界共认的千古绝唱。从它诞生的一天起即为世所重。据《世说新语·豪爽篇》载，晋人王敦，每酒后辄咏"老骥伏枥"四句，以如意打唾壶，壶口尽缺。明人胡应麟说："（汉）高帝《黄鹄歌》是'月明星稀'诸篇之祖，非雅、颂体也。然气概横放，自可不及。后惟孟德'老骥伏枥'四语，奇绝足当。"（《诗薮·内篇》）清人王夫之评说："孟德乐府，固卓荦惊人，而意抱渊永，动人以声不以言。"（《船山古诗评选》）吴乔说："作四字诗，多受束于《三百篇》句话，不受束者，惟曹孟德耳。"（《围炉诗话》卷二）陈祚明更谓曹操《龟虽寿》："名言激昂，千秋使人慷慨。孟德能于《三百篇》外，独辟四言声调，故是绝唱。"（《采菽堂诗集》卷五）

曹操所以能在四言诗领域获得如此成就，当与其爱好音乐、雅好辞章的本性有相当大的关系。因为四言诗本身的兴起、发展和衰落同音乐的发展历程是相应的。曹操"及造新诗，被之管弦，皆成乐章"，正是其尤工四言诗的写照。

当然，也有不以为佳或虽以为佳但以"文奸"视之者，如宋人朱熹以曹操诗有"周公吐哺"一类句子，谓其"不惟窃国之柄，和圣人之法也窃了"（《朱子语类》卷一百四十）。明人杨慎说："曹孟德'月明星稀'……此直后世四言耳，工则工矣，比之《三百篇》，尚隔寻丈也。"（《升庵诗话》卷三）又说，曹孟德乐府脍炙人口久矣，"不特句法高迈，而识趣近于有道，可谓文奸也已"（同上，卷十）。朱嘉征说："余颇颂其歌诗所陈，未尝不悲其志，悯其劳也。但托喻周公吐哺，以西伯自处，举明辟付之后人，此为英雄欺人。"（《乐府广序》卷八）可见，否定之语，大都为政治观念所使。而就其诗歌本身的艺术性而言，则完全否定者极少。①

曹操现存诗21首，均为乐府诗，质朴苍凉、气韵沉雄。曹植是曹操的第四个儿子，现存诗96首，其中乐府诗51首。辞采华茂、刚柔任气，是曹植诗的特点。

曹操共有25子（其中13个儿子先曹操离世），前四子是：曹昂、曹丕、曹彰、曹植。曹昂为刘夫人所生、丁夫人抚养，曹丕、曹彰、曹植为卞夫人所生。同母兄弟中，曹植排行第三。曹植本想做个政治家，建功立业名垂青史，文学家并不是他的愿望，结果政治家没做成，文学反倒成就了他的不朽。

曹植是第一个大力写作五言诗的文人，今存五言诗65首。如果以曹丕称帝（220年）为界来划分曹植的创作时期，那么，他前期的诗歌创作，主要在歌唱自己的理想与抱负，情志慷慨飘逸。后期的诗篇，少了一些前期的自豪自信，多了一些现实带来的苦闷悲愤。但无论前期还是后期的创作，他追求人生价值的那种慷慨精神，还是贯穿始终的。与其父曹操相比，父亲的慷慨，苍劲有力，儿子的慷慨，蓬勃任气。

魏明帝太和三年（229年），38岁的曹植被封为东阿王，在这里他创作了佛教梵呗音乐，史称“鱼山梵呗”②。曹植此举，使佛教音乐中国化，为汉语梵呗的咏唱开辟了道路。此事最早见于南朝宋刘敬叔《异苑》卷五记载：

陈思王曹植字子建，尝登鱼山，临东阿。忽闻岩岫里有诵经声，清通深亮，远谷流响，肃然有灵气，不觉敛衿祇敬，便有终焉之志。即效而则之。今之梵唱皆植依拟所造，一云：陈思王游山，忽闻空里诵经声，清远遒亮，解音者则而写之，为神仙声。

① 张作耀：《曹操评传》，南京大学出版社2001年版，第417—418页。

② “鱼山梵呗”是否曹植所作，有不同说法。范子烨《鱼山声明与佛经转读》（《中国文化》第三十三期），对“鱼山梵呗”是否为曹植所作，辨之甚详。

道士效之，作步虚声也。[①]

曹植诗题材广泛，除了感时伤乱、建功立业的诗以外，还有一些公宴诗、游仙诗、写景咏物诗等。公宴诗表达了宴飨游乐的快感，游仙诗写出了对永恒人生的向往。曹氏父子都写过游仙诗，曹操游仙诗7首，曹丕游仙诗2首，曹植游仙诗12首。渴望长寿是人的正常愿望，借游仙一吐胸中块垒，寻求解脱或安慰，这种壮志难酬的情绪转移，正是那个时代文人生命意识的反映。

曹丕诗现存44首，其中乐府诗24首。曹丕诗多以游子思妇为题材，工于言情，不事雕琢，诗风和婉细腻。他的歌行体《燕歌行》二首，是现存最早最完整也最纯粹的文人七言诗。在此之前，东汉张衡曾作《四愁诗》，也是七言形式，但张衡《四愁诗》仍袭楚歌句法，使用“兮”字以为感叹，且未入诗格，不能算作纯粹的七言诗。曹丕的《燕歌行》虽然完整，但句句押韵，还不够成熟，直至南朝刘宋时期的鲍照，七言诗才真正成熟起来。

曹丕的《典论·论文》，是中国第一篇文学批评专论。文章开篇两句“文人相轻，自古而然”，成为后世文人口头常用语。

汉末，时局混乱，文化变异，道德与礼教观念淡化。人开始认识到自身的价值，文学也开始摆脱儒学与政教的束缚，人与文学的双重觉醒，使建安文学步入了自觉时代。曹丕《典论·论文》的出现，一方面标志着中国文论将以新的面貌走向未来，另一方面也有力地推动了文学的独立：文学同样是“经国之大业，不朽之盛事”，文学从此有了明确的价值判断。

建安诗人中，还有一位女诗人蔡琰。蔡琰有《悲愤诗》二首（五言、骚体各一）[②]，真实、深刻地反映了动乱时代人民的苦难，颇具史诗价值。另一篇《胡笳十八拍》，129句，1297字，骚体叙事诗，作者究竟是否为蔡琰，历来争议很大。肯定者有韩愈、王安石、李纲、郭沫若等，否定者有朱长文、苏轼、王世贞、胡适、罗根泽、郑振铎、陆侃如、刘大杰、王运

① (南朝宋)刘敬叔撰，范宁校点：《异苑》，中华书局1996年版，第48页。

② 研究者多认为骚体《悲愤诗》非蔡琰所作。

熙、王小盾等。

对三曹诗歌的评价：

曹操：

南朝钟嵘《诗品》卷下《魏武帝魏明帝》：“曹公古直，甚有悲凉之句。”

南朝宋裴松之注《三国志》引《魏书》：“登高必赋，及造新诗，被之管弦，皆成乐章。”

唐杜甫《丹青引赠曹将军霸》：“英雄割据虽已矣,文采风流今尚存。”

南宋敖陶孙《诗评》：“魏武帝如幽燕老将，气韵沉雄。”

明谭元春《古诗归》卷七：“此公诗歌中有霸气，而不必其王；有菩萨气，而不必其佛。”（笔者按：所谓菩萨气，指怜悯百姓疾苦）

明胡应麟《诗薮·外编》：“其诗豪迈纵横，笼罩一世。”

清沈德潜《古诗源》卷五《魏诗武帝》：“沉雄俊爽，时露霸气。”

清刘熙载《艺概·诗概》：“曹公诗气雄力坚，足以笼罩一切。”

清方东树《昭昧詹言》卷二：“可谓千古诗人第一之祖。”

曹丕：

南朝刘勰《文心雕龙·才略》：

> 魏文之才，洋洋清绮。旧谈抑之，谓去植千里，然子建思捷而才俊，诗丽而表逸；子桓虑详而力缓，故不竞于先鸣；而乐府清越，《典论》辩要，迭用短长，亦无懵焉。但俗情抑扬，雷同一响，遂令文帝以位尊减才，思王以势窘益价，未为笃论也。

明胡应麟《诗薮·内篇》：“子桓《燕歌》二首，开千古妙境。”

明钟惺、谭元春《古诗归》卷七：“奇调、奇思、奇语，无所不有。”

明王世贞《艺苑卮言》卷八：“自三代而后，人主文章之美，无过于汉武帝、魏文帝者。”

清王夫之《古诗评选》卷一评曹丕杂言《大墙上蒿行》：“长句长篇，斯为开山第一祖。”评《燕歌行》：“倾情倾度，倾色倾声，古今无两。从

'明月皎皎'入第七解，一径酣适。殆天授，非人力。"评杂言《秋胡行》："因云宛转，与风回合，总以灵府为逵径，绝不从文字问津度。宜乎迄今二千年，人间了无知者。"王氏《姜斋诗话》卷下说《燕歌行》"二首为七言初祖"。

清儒评曹丕五言《杂诗·漫漫秋夜长》，吴淇《六朝选诗定论》卷五："淘炼极其莹静，味深而色秀。"陈祚明《采菽堂古诗选》卷五："景中情长。"何焯《义门读书记》卷四十七："'俯视'一联，清新万古。"（笔者按："俯视"联："俯视清水波，仰看明月光。"）

曹植：

西晋陈寿《三国志·魏书十九》："陈思文才富艳，足以自通后叶，然不能克让远防，终致携隙。"

南朝刘勰《文心雕龙·才略》："子建思捷而才俊，诗丽而表逸。"

南朝钟嵘《诗品》："陈思为建安之杰，公幹、仲宣为辅。"又《诗品·魏陈思王植》："骨气奇高，词采华茂，情兼雅怨，体被文质，粲溢今古，卓尔不群。"

唐释皎然《诗式·邺中集》："邺中七子，陈王最高。"

唐房玄龄等人著《晋书·列传第六十二》："独彼陈王，思风遒举，备乎典奥，悬诸日月。"

唐李白《上安州李长史书》："曹植为建安之雄才，惟堪捧驾。天下豪俊，翕然趋风，白之不敏，窃慕高论。"

唐杜甫《奉赠韦左丞丈二十二韵》："读书破万卷，下笔如有神。赋料扬雄敌，诗看子建亲。"

宋张戒《岁寒堂诗话》卷上："即渊明之诗，妙在有味耳，而子建诗，微婉之情，洒落之韵，抑扬顿挫之气，固不可以优劣论也。古今诗人推陈王及《古诗》第一，此乃不易之论。"

宋左圭《左氏百川学海·释常谈·八斗之才》："谢灵运尝曰：'天下才有一石，曹子建独占八斗，我得一斗，天下共分一斗'。"

明李梦阳《曹子建集·序》（明刊十卷本）：

> 余读植诗，至瑟调《怨歌》《赠白马》《浮萍》等篇，暨观《求试》《审举》等表，未尝不泫然出涕也。曰：“嗟乎植！其音宛，其情危，其言愤切而有余悲，殆处危疑之际者乎！”

明钟惺、谭元春《古诗归》卷七评曹植《美女篇》，谭曰：“有才人不必其为朋友，有色人不必其为妻妾，赞叹爱慕，千古一情。”钟曰：“缉《洛神》之余材而成之，自为凄丽之调，真是才子。”

清李重华《贞一斋诗说·诗谈杂录》：“魏诗以陈思王作主，余子辅之。五言自汉迄魏，得思王始称大成。”

清王士祯《带经堂诗话》卷五：“汉魏以来，二千余年间，以诗名其家者众矣。顾所号为仙才者，唯曹子建、李太白、苏子瞻三人而已。”

清潘德舆《养一斋诗话》卷三：

> 苏、李《录别》，《古诗十九首》，皆圣于诗者也。然或篇章寂寥，或姓名沈晦，推尊虽允，未厌人心。两汉以后，必求诗圣，得四人焉：子建如文、武，文质适中；陶公如夷、惠，独开风教；太白如伊、吕，气举一世；子美如周、孔，统括千秋。此论本于古人，而不尽本于古人，书之以俟识者。

曹丕《典论·论文》中提到七个人：孔融、陈琳、王粲、阮瑀、徐幹、应场、刘桢，后来被称为“建安七子”[①]“邺中七子”，其中王粲被誉为“七子之冠冕”。

据俞绍初《建安七子集》[②]辑录，七子诗今存103首，其中孔融7首，陈琳9首，王粲30首，阮瑀14首，徐幹9首，应场7首，刘桢27首。七子的诗歌创作，题材广泛，五言形式运用成熟，能够很好地抒发感情，社会责任感与人生忧患意识，都得到很好的表现。

---

① 七子之说，多有异议，参见徐公持：《魏晋文学史》，人民文学出版社1999年版，第102页。

② 俞绍初：《建安七子集》，中华书局1989年版。

田园诗

建安之后、唐代之前，中国出现了一位令后世景仰的诗人——陶渊明。

据逯钦立校注《陶渊明集》（中华书局1979年版），郭维森、包景诚译注《陶渊明集全译》（贵州人民出版社1992年版），郭建平解评《陶渊明集》（山西古籍出版社2004年版），陶渊明有诗125首，其中四言诗9首，其余为五言诗。袁行霈撰《陶渊明集笺注》（中华书局2003年版）录陶诗126首，其中存疑《四时》1首，实际也为125首。

将田园纳入诗歌题材，视田园为审美对象，使田园成为人的精神寄托，陶渊明是中国史上第一人。由于他的创作，田园诗成为一种诗体，到了唐代，寄情田园蔚成风气，形成了“田园诗派”。

陶渊明田园诗一共多少首？或言20余首，或言30首左右，均含糊其辞。亦有言40首者，一语带过，游谈无根。这涉及田园诗的界定：有言“田园空间”者，言“牧歌”式者，言“恬静优美”者，言“广义”“狭义”之分者，不一而足。由于田园诗这一概念本身就比较模糊，标准难以划一，田园诗的确定，自然也就大相径庭。纵观“田园诗派”作品，可以认为，关注田园并以田园为审美对象的诗，就是田园诗。基于田园的审美情感，并不都是“恬静”“闲适”“超脱”的，它有欢乐，也有哀怨。一些农事诗（如“日出而作，日入而息”“锄禾日当午，汗滴禾下土”等），不属于田园诗。某些酬答宴饮诗也提及田园，如果不是关注田园，同样不能算作田园诗。按照这一标准，陶渊明“田园诗”有30首。

陶渊明家境贫寒，生活拮据，为了养家糊口，不得不外出谋职，获取俸禄。他先后五次出仕，五次去职。最后一次为官，是四十一岁那年，在离家不远的彭泽担任县令，不到三个月，他就拂袖而去，从此不再踏入官场。

陶渊明痛恨官场的黑暗，特别是官场对人格的摧残，使他无法忍受。“不堪吏职”，为五斗米向小人折腰，在他看来，是奇耻大辱。人在屋檐下，怎能不低头，这是无数人的处世之道。忍辱低头，早已是世间常态。陶渊明的伟岸，就在于他无力改变现状，但绝不去适应这个世道。适应就意味着随波逐流。他要把自己的生命投向自然，而不是沉沦在污浊的官场。“饥冻虽切，违己交病”（《归去来兮辞·序》）。他的《归园田居·其一》这样写道：

少无适俗韵，性本爱丘山。
误落尘网中，一去三十年。
羁鸟恋旧林，池鱼思故渊。
开荒南野际，守拙归园田。
方宅十余亩，草屋八九间。
榆柳荫后檐，桃李罗堂前。
暧暧远人村，依依墟里烟。
狗吠深巷中，鸡鸣桑树巅。
户庭无尘杂，虚室有余闲。
久在樊笼里，复得返自然。

宦游的三十年，真的是“误落尘网中”。官场犹如关鸟的“樊笼”，而“守拙归园田”则如同飞鸟出笼。如今“复得返自然”，一种重获自由、赢得新生的喜悦，在心头涌荡。

田园生活带来莫大的人生乐趣，《饮酒·其五》这样写道：

结庐在人境，而无车马喧。
问君何能尔，心远地自偏。
采菊东篱下，悠然见南山。
山气日夕佳，飞鸟相与还。
此中有真意，欲辨已忘言。

“采菊东篱下，悠然见南山”，千古传诵，历久弥香。语句平淡，动作普通，俯仰之间，篱菊南山净化了一切，人感觉到自身的存在与生命的活力，没有比存在于大自然中更美妙的了，人与自然的交织所唤起的人生感悟，永远咀嚼不尽。

日本汉学家冈繁村说：

> 夏目漱石在《草枕》中有下面一段叙述：
>
> “痛苦、愤怒、烦躁、哭泣，这一切都是人生不可避免的。我在三十年间饱尝了这一切。饱尝这一切后，在戏剧小说中再重复同样刺激的话，真是难受。我所希望的诗，不是那种刺激世间人情的作品，而是那种可以使人放弃俗念，哪怕是暂时使人心灵离开尘世的诗。……令人欣慰的是，东洋诗歌中曾产生这样的诗：
>
> 采菊东篱下，悠然见南山。
>
> 仅此两句，便表现了忘却尘世一切辛酸痛苦的境界。写此诗的心情，既不是因为篱笆对面邻家女的窥视，也不是由于南山亲友获得了俸职。这完全是一种超然的，涤荡利害得失之污浊的旷怡心灵。”
>
> 漱石引用的两句诗出于渊明《饮酒》第五首。这两句不仅漱石爱吟，事实上一千三百多年来，无论在中国，抑或日本、韩国，它都被一致推崇热爱，并受到极高赞赏。《饮酒》诗第五首本身，在渊明众多诗篇中也堪称代表作。该诗受到人们高度赞颂的原因正是在于它宁静自然的格调和远超尘俗的飘逸境界。①

文学评论者说，“菊”与“南山”，是词根语象与心理意象自然巧妙的融合，塑造了一个“无我之境”。哲学研究者说，它表现了作者崇尚自然的人生态度，从中不难找到老庄的身影……一千个人会有一千种评说，说到今天，“此中真意”还是没有说好、说透，陶渊明自己也无力总结。因此，他选择了一条最佳途径：“欲辨已忘言”。

田园景色并不总是促人“飘逸”的，它也会令人忧愁：

① [日]冈繁村著，陆晓光、笠征译：《陶渊明李白新论》，上海古籍出版社2002年版，第11页。

《归园田居·其三》："种豆南山下，草盛豆苗稀。……衣沾不足惜，但使愿无违。"

《和胡西曹示顾贼曹》："悠悠待秋稼，寥落将赊迟。逸想不可淹，猖狂独长悲。"

《杂诗十二首·其八》："代耕本非望，所业在田桑。躬亲未曾替，寒馁常糟糠。岂期过满腹，但愿饱粳粮。御冬足大布，粗絺以应阳。正尔不能得，哀哉亦可伤。人皆尽获宜，拙生失其方。理也可奈何，且为陶一觞。"

田园承载了陶渊明的肉体与精神，承载了他的生活，承载了他的喜怒哀乐，也承载了他的诗歌创作。他的田园诗造语平淡、意境深远、诗味醇美，于写景抒情言事中蕴含理趣，细加品味，能使人获得一种高级的精神享受、一种超脱或安慰，甚至令人心驰神往（如《桃花源记并诗》）。隋唐以前，陶渊明田园诗还没有被普遍接受；至唐代，田园成为更多诗人的审美对象，王绩、王维、孟浩然等人从不同的视角关注田园，形成了"田园诗派"，将田园诗推向新的高度；宋代，出现了田园诗的创作高潮，田园诗被推向高峰；元代，田园诗创作低落；明代以后，田园诗重又获得人们的重视。

古往今来的田园诗人，都倾情抒唱着对田园、大地、自然的热爱，然而，只有一个人，真正"诗意地栖居在大地上"，那就是"古今隐逸诗人之宗"①——陶渊明。

格律诗

谈格律诗，涉及汉语的声调。

古代中国，没有拼音字母，汉字的注音，最初是用汉字来注音汉字。"好逸恶劳"中的"好""恶"，古书中是这样注音的：好，读若浩；恶，读如务。这是"读若法"，表示要像读"浩"那样去读"好"。还有一种"直音法"，如：好，音浩；恶，音务。直接用"浩"来表示"好"的读音。这

① (南朝)钟嵘著，陈延杰注：《诗品注(卷中)·宋征士陶潜》，人民文学出版社1980年版，第41页。

里的“好”“恶”是被注字，“浩”“务”是注音字。注音字的韵母与被注字相同，声调也必须相同，注音字应当是个同音字。“读若法”与“直音法”，都是直接用汉字注音汉字，有很大的局限，如“丢”，找不到人们熟悉的同音字，就只好用冷僻字去注音：丢，读若铥。不如不注。有时能找到韵母相同的字，但声调不同，也就是音近字，还必须另外设法说明这个音近字的声调，很麻烦。这两种方法，有时注音准确，有时也只能做到“差不多”，近似而已。

“读若法”与“直音法”虽然有很大局限，但它表明当时人对汉字声调有着清晰的认识，已知分辨，但还没有科学的归纳、总结，还不能对字音作声、韵、调的拆分。在不断的探索中，东汉末期，服虔、应劭为《汉书》注音，使用了一种新的方法——反切①。“反”和“切”，都是“拼合”的意思。反切用两个汉字来注音，分为反切上字、反切下字。上字表示声母部分，下字表示韵母及声调部分。用反切法给“好逸恶劳”的“好”“恶”注音：好，呼报反，取“呼”的声母，再与“报”的韵母及声调相拼；恶，乌路反，取“乌”的声母（零声母），再与“路”的韵母及声调相拼。注音时，可单称“反”，或单称“切”。“呼报反”也可称“呼报切”，“乌路反”也可称“乌路切”。

“反切”的出现，无疑有着重大的意义。声、韵拼合，标志着人们对汉语语音分析达到了一定的高度。由于汉字不是拼音文字，反切自然存在着无法避免的缺陷，拼读的准确性要打很大的折扣。在1918年北洋政府教育部颁行“国音字母”（1930年改称“注音符号”）前，反切法一直通行于世。

三国时期，反切法大行。“反切法逐渐通行，声与韵的研究也逐渐成为专学，韵学应时出现了。最早的韵书是魏李登的《声类》十卷，晋吕静的《韵集》五卷。两书分字声为宫商角徵羽五类，还只能‘始判清浊，才分宫

① 反切的产生，有几种说法。比较流行的观点，认为“反切”受梵文拼音影响，由汉末服虔、应劭创立。今人持异议者渐多。

羽'，为后来韵书作先驱。南朝人声韵学的研究愈益深入，著作甚多，最著名的有周彦伦《四声切韵》，沈约《四声谱》。所谓四声，即分字声为平上去入四类。凡韵书都是以四声或五声为纲，以韵目为纬。"[①]汉语四声的发现以及概念的提出，是汉语语音史上的一件大事，也是中国诗歌史上的一件大事，没有四声的发现，就不会有格律诗的产生。

"四声"指汉字"平、上、去、入"四种声调。根据文献资料，多数学者认为，最早明确使用汉语"四声"概念者，是南朝时期的周颙、沈约等人。南朝梁萧子显《南齐书》列传第三十三《文学》："永明末，盛为文章。吴兴沈约、陈郡谢朓、琅邪王融以气类相推毂。汝南周颙善识声韵。约等文皆用宫商，以平上去入为四声，以此制韵，不可增减，世呼为'永明体'。"唐李延寿《南史》列传第二十四《颜延之沈怀文周朗[②]》：（周颙）"始著《四声切韵》行于时。"唐姚思廉《梁书》列传第七《范云沈约》：（沈约）"又撰《四声谱》，以为在昔词人，累千载而不寤，而独得胸衿，穷其妙旨，自谓入神之作，高祖雅不好焉。帝问周舍曰：'何谓四声？'舍曰：'天子圣哲是也'，然帝竟不遵用。"可知南朝周颙、沈约等人已在明确地使用"四声"概念[③]。音乐中也有"四声"的说法，东汉班固《汉书·律历志》："声者，宫、商、角、徵、羽也……宫，中也，居中央，畅四方，唱始施生，为四声纲也。"意谓"宫"为其他四声之纲纪。这里的"四声"指"商、角、徵、羽"，与汉语宫商"四声"究竟有无或有何联系，古人所论，多玄虚晦涩，今人难以究其义理，这涉及古乐的许多问题。周、沈之前是否已有汉语"四声"的说法，周、沈说究竟是源头还是源流，是旧说基础上的发现还是创见性的发现，因缺少文献资料，难以论定。笔者推测，周、沈之前，已有"四声"说法，但止于口头言说或零星散论，周、沈等人据此分辨去先、归纳整理，尤其是沈约《宋书·谢灵运传论》又论及声律，"四声"概念从此成型。

---

① 范文澜：《中国通史简编》第二编（修订本），人民出版社1965年版，第253页。

② 周朗，字义利，族孙周颙。

③ 启功认为："沈约提出了四声的现象，但并没有明确的四声概念，他自己的著作里也没有提过八种病。"（《启功全集》第8集，北京师范大学出版社2019年版，第145页）

“四声说”使汉语语词声调有规律可循，诗歌创作随着“四声说”的兴起，开始进入音律美的自觉时期。

沈约认为，五言诗歌创作应自觉地运用“四声”，避免八种毛病：平头、上尾、蜂腰、鹤膝、大韵、小韵、旁纽、正纽。日僧空海《文镜秘府论》对“八病”作了详细的阐述，可简单总结为：

平头　首句、次句的第一或第二字同声调。

上尾　首句、次句的末字同声调。

蜂腰　句中第二、五字同声调。

鹤膝　一、三两句末字同声调。

大韵　一联中用了与韵脚同韵部字。

小韵　一联中重复用了同韵部字。

旁纽　一联有两字叠韵。

正纽　一联有两字双声。①

“八病说”，有利于诗歌的音韵美，但太过苛细，沈约本人亦难遵守，他自己坦承“老夫亦不尽辨此”②。

在《宋书·谢灵运》中，沈约进一步申说了自己的声律主张：

夫五色相宣，八音协畅，由乎玄黄律吕，各适物宜。欲使宫羽相变，低昂互节，若前有浮声，则后须切响。一简之内，音韵尽殊；两句之中，轻重悉异。妙达此旨，始可言文。至于先士茂制，讽高历赏，子建函京之作，仲宣霸岸之篇，子荆零雨之章，正长朔风之句，并直举胸情，非傍诗史，正以音律调韵，取高前式。自《骚》人以来，多历年代，虽文体稍精，而此秘未睹。至于高言妙句，音韵天成，皆暗与理合，匪由思至。张、蔡、曹、王，曾无先觉，潘、陆、谢、颜，去之弥远。世之知音者，有以

① 参见［日］遍照金刚撰、周维德校点：《文镜秘府论》，人民文学出版社1975年版，第180—197页。

② (南朝)萧子显：《南齐书》卷五十二列传第三十三《文学》，清乾隆武英殿刻本。

得之，知此言之非谬。如曰不然，请待来哲。

所谓“浮声”，指“平声”；“切响”，指“仄声”（即“上、去、入”三声）。“一简之内，音韵尽殊；两句之中，轻重悉异”，要求平仄相间。建安时期的曹植，其诗歌已有声律运用的形迹，如“孤魂翔故域，灵柩寄京师”（《赠白马王彪》），“游鱼潜绿水，翔鸟薄天飞”（《情诗》）等。在沈约看来，其音律韵调高于前人法式，但“高言妙句，音韵天成，皆暗与理合，匪由思至”。所谓“匪由思至”，是指还不能自觉地有意识地运用声律。范文澜则不然，他认为这些句子“平仄调谐，俨然律句，不能概指为偶合”。范文澜接着说：

> 自然，这只是律诗最初的胚胎，距律诗的形成还很遥远，但既有胚胎，便会继续成长。陆机《文赋》主张“音声迭代”，就是说，一句中平仄字相替代，不可全用平声字或仄声字……宋范晔《自序》说：“性别宫商（四声）识清浊（清音浊音）”，又说“观古今文人多不全了此处，纵有会此者，不必从根本中来”。所谓根本，就是声律的确实掌握。齐梁时，声律的研究更深入，创四声八病（平头、上尾、蜂腰、鹤膝、大韵、小韵、旁纽、正纽）说……范晔至死不肯告人的调声术，自沈约公布八病后，大为文士所遵用，梁陈时，律诗律赋大体上定型了。到唐朝，律诗律赋成为代表性的也是最盛行的文学。①

南朝齐武帝永明年间，谢朓、沈约、王融、萧衍、萧琛、范云、任昉、陆倕等自觉地在五言诗歌创作中调谐声律，形成“永明体”。《南齐书·文学》中说：“吴兴沈约、陈郡谢朓、琅邪王融以气类相推毂。汝南周颙善识声韵。约等文皆用宫商，以平上去入为四声，以此制韵，不可增减，世呼为‘永明体’。”与此前古体诗相较，永明体是一种新体诗，它的创新，表现在诗的格律上。所谓“格”，指格式，包括句式、句数、字数，“律”指

① 范文澜：《中国通史简编》第三编第二册（修订本），人民出版社1965年版，第254页。

"声律"，即四声平仄标准。永明体显现了一首诗四句、八句或十句的趋势，经后来吴均、徐陵、庾信等人的努力，已基本形成四句、八句或十句的格局。声律上，则形成下面的首句平仄形式：

1　仄仄仄平平	3　仄仄平平仄
2　平平平仄仄	4　平平仄仄平

每句的第一、三字平仄不拘，可平可仄。这样的诗律格式，为后来唐诗所继承，形成八句律诗、四句绝句以及十句排律（排律可多于十句）的定格。

永明体使诗歌宛转流畅，朗朗上口，更具音乐美，是中国诗歌语言艺术一次大的飞跃。它的诗体变革，成为中国诗歌律化的开端，为后来唐代格律诗（近体诗）的定型奠定了基础。

唐诗宋词元曲

唐诗　从形式上看，唐诗有两种类型：非格律诗与格律诗。

非格律诗包括古体诗、新乐府以及一些杂体诗：1.在唐人看来，唐以前的诗都是古体诗，没有成型的格律标准（不包括齐梁永明体）。古体诗又称"古诗""古风"，有五古（每句五言）、七古（每句七言）、杂言古体（每句字数不等）之分。另外，唐人歌行体诗也属于古诗，是从乐府诗分离出来的一种诗体，多用杂言。2.新乐府又称"新题乐府"，不再拘泥于汉魏六朝乐府旧的题目，可根据内容自拟新题（诗篇题目），同时不再以能否入乐为标准，唐人元稹《乐府古题序》将之概括为"即事名篇，无复依傍"。3.杂体诗又称"变体诗"，如宝塔诗（诗句排列为宝塔状，如杜光庭《怀古》）、联句诗（多人出句，联合为一首诗，如韩愈与孟郊的《城南联句》）、离合诗（用拆字法作诗，犹如谜语，纯属文字游戏，如晚唐陆龟蒙《闲居杂题》）等。

格律诗又称“今体诗”“近体诗”，这里的“今”“近”与“古体诗”的“古”，都是时间概念。“今体”系唐人自谓，“近体”乃宋人指称。所谓“近体”，是否包括齐梁永明体，学术界历来存有争议。五言律诗在齐梁时已接近成熟，并非在唐代才出现。七言律诗在齐梁时期则处于起步阶段。直到初唐后期，格律诗才基本定型①，格律标准固定下来。一首诗，一共八句，为“律诗”；一共四句，为“绝句”；十句以上者，为“排律”，又称“长律”。每句五言者，为五律、五绝、五言排律；每句七言者，为七律、七绝、七言排律。五律的首句平仄格式：

1　仄仄仄平平　　3　仄仄平平仄

2　平平平仄仄　　4　平平仄仄平

七律的首句平仄格式：

1　平平仄仄仄平平　　3　平平仄仄平平仄

2　仄仄平平平仄仄　　4　仄仄平平仄仄平

七律的平仄，是在五律的基础上，开头两字取反，如五律“仄仄仄平平”，七律就是“平平仄仄仄平平”。大多数情况下，七律每句的第一、三、五字可平可仄，即所谓的“一三五不论，二四六分明”。对于绝句来说，就成为“一三不论，二四分明”。

押韵要求：每句最后一字为韵脚字。五律、五绝：首句不入韵者，为正体，反之为变体。七律、七绝则恰恰相反，首句入韵者，为正体，反之为变体。排律两句一韵，不一韵到底。科举考试中，规定用五言长排，限定韵脚，常用六韵十二句或八韵十六句。

对仗：律诗两句为一联，上句为出句，下句为对句。出句与对句相同

① 木斋《曲词发生史续》（中国文史出版社2014年版，第13页）：“五言的定型，最后是由宋之问、沈佺期完成的……元稹所说‘唐兴，官学大振……沈宋之流，研练精切，稳顺声势，谓之律诗’（唐故工部员外郎杜君墓系铭序），这是最早关于‘律诗’定名的记载，沈宋之称也就成为律诗定型的标志……在五言律趋于定型之后，杜李沈宋等人，即成功地将这种法则应用到七言律体之中，于中宗景龙年间完成了七言律诗体式的定型。”

位置上的词语彼此相对，叫对仗。对仗有词性相对（如名词对名词、动词对动词）、句法相对（如主谓结构对主谓结构）、事类相对（如天对地、日对月）、平仄相对（如出句第二字为平声，对句第二字须为仄声）等。五律、七律的第二联、第三联要求对仗，排律除首尾两联外，中间无论多少联，都要求对仗。绝句无对仗要求。

格律诗最根本的特征是平仄要求，有规律的声调的抑扬顿挫，充分展现了格律诗的音韵美，而音韵美是格律诗的核心。

诗歌在唐朝，得到全社会的认可与喜爱，诗歌的创作、筛选、接受与传播，不再徘徊于文人学士狭小的圈子内，而是全民参与、全民共享。经过社会的筛选、评价，定出了诗的优劣高下。好诗的价值，最为崇高；好诗的作者，也备受尊敬。

晚唐范摅《云溪友议》卷下讲述了这样一则故事：

> 李博士涉，谏议渤海之兄。尝适九江看牧弟，临祑，凡有囊装，悉分匡庐隐士（荷戴山人芳也），唯书籍薪米存焉。至浣口之西，忽逢大风，鼓其征帆，数十人皆驰兵仗，而问是何人。从者曰：“李博士船也。”其间豪首曰：“若是李涉博士，吾辈不须剽他金帛。自闻诗名日久，但希一篇，金帛非贵也。”李乃赠一绝句。豪首饯赂且厚，李亦不敢却。

唐诗人李涉，曾任太学博士，世呼“李博士”。过九江时，在浣口遇到强盗。强盗问：“什么人?”李涉的随从答道：“这是李博士的船。”强盗老大说：“若是李博士，我们不抢他的东西。久闻李博士大名，仅希望赐诗一首，钱物无法与李博士的诗相比。”李涉于是赠诗一首，强盗也回赠李涉不少钱物，李涉不敢推却，只好收下了。

李涉写了什么绝句赠给了强盗？南宋计有功《唐诗纪事》卷四十六《李涉》说：

> 涉尝过九江，至皖口,遇盗，问何人，从者曰：李博士也。其

豪首曰：若是李涉博士，不用剽夺，久闻诗名，愿题一篇足矣。涉赠一绝云："暮雨潇潇江上村，绿林豪客夜知闻。他时不用逃名姓，世上如今半是君。"

这首绝句，收录在《全唐诗》卷四七七《李涉》，篇题《井栏砂宿遇夜客》。连土匪强盗都要收集好诗，认为好诗胜于金帛，足见诗歌在唐人心中的地位。

科举考试，要写诗；友人交谊，要吟诗；艺妓歌舞，要唱诗。就连沿街要饭的乞丐，也在歌诗乞讨：

大历中，有才人张红红者，本与其父歌于衢路丐食，过将军韦青所居，青于街牖中闻其歌者喉音寥亮，仍有眉首，即纳为姬。[①]

唐大历年间，有个女子张红红，颇有才艺，与父亲沿街乞讨，经过韦青将军住所。韦青在窗内听到歌声嘹亮，见张红红有几分姿色，就将她纳为妾。韦青知遇张红红事，传为佳话。张红红后被招入宫中。一日，皇上告知张红红，韦青离世，张红红不禁泣下："妾本风尘乞丐，与父亲均受恩于韦青将军，妾不忍忘其恩。乃一恸而绝。"女子情深到如此地步，皇上惊叹不已。

唐代经济繁荣，娱乐盛行，歌舞升平为艺妓提供了广阔舞台。唐诗既是一种独立的文学体裁，也是可以入乐的歌诗，是歌曲中的歌词。歌妓在选曲时，很注重歌词的美学效应，那些通俗易懂感人至深而又音韵宛转的诗作，是她们的首选。这无疑涉及诗的鉴赏能力以及艺术的审美判断。白居易《与元九书》中说：

及再来长安，又闻有军使高霞寓者，欲娉倡妓。妓大夸曰：我诵得白学士《长恨歌》，岂同他妓哉？由是增价。又足下书云：

① (唐)段安节《乐府杂录·歌》，详见崔令钦：《唐宋史料笔记丛刊·教坊记(外三种)》，中华书局2012年版，第126页。

到通州日，见江馆柱间有题仆诗者。何人哉？又昨过汉南日，适遇主人集众乐，娱他宾。诸妓见仆来，指而相顾曰：此是《秦中吟》《长恨歌》主耳。自长安抵江西三四千里，凡乡校、佛寺、逆旅、行舟之中，往往有题仆诗者。士庶、僧徒、孀妇、处女之口，每每有咏仆诗者。此诚雕虫之戏，不足为多。然今时俗所重，正在此耳。①

歌妓因能诵得白居易的《长恨歌》，出台价当然要高于他人，岂同他妓哉？白居易还亲眼目睹了自己的诗作被各界人士到处传诵。娱乐时，歌妓们见白居易来了，停在不远处指指点点：那就是《秦中吟》《长恨歌》的作者呐。好诗的作者，成为歌妓心中崇拜的偶像。

辛文房《唐才子传》卷第二《孟浩然》记载了一则传说中的故事：

维待诏金銮，一旦私邀入，商较风雅，俄报玄宗临幸，浩然错愕，伏匿床下，维不敢隐，因奏闻。帝喜曰："朕素闻其人，而未见也。"诏出，再拜。帝问曰："卿将诗来耶？"对曰："偶不赍。"即命吟近作，诵至"不才明主弃，多病故人疏"之句，帝慨然曰："卿不求仕，朕何尝弃卿，奈何诬我！"因命放还南山。

唐玄宗既是国君，也是诗人。孟浩然未得诏见而入宫，王维和孟浩然都当获罪。因为王维、孟浩然都是诗人，唐玄宗不仅没有龙颜大怒，反而与孟浩然亲切交谈，一方面显现了帝王的胸襟，另一方面表明了诗的崇高以及诗人间那种微妙的心灵和谐。

诗的力量是巨大的。当诗歌奔袭到人的心灵深处，会将人的情感推向极点。乔知之有个婢女叫窈娘②，姿容妙曼。唐人孟棨《本事诗·情感第一》记载：

唐武后时，左司郎中乔知之有婢名窈娘，艺色为当时第一。

---

① (唐)白居易撰，顾学颉校点：《白居易集》，中华书局1999年版，第963页。

② (南宋)计有功《唐诗纪事》卷六《乔知之》作"碧玉"。

知之宠爱，为之不婚。武延嗣闻之，求一见，势不可抑。既见，即留，无复还理。知之愤痛成疾，因为诗，写以缣素，厚赂阍守以达。窈娘得诗悲惋，结于裙带，赴井而死。延嗣见诗，遣酷吏诬陷知之，破其家。诗曰："石家金谷重新声，明珠十斛买娉婷。昔日可怜君自许，此时歌舞得人情。君家闺阁不曾难，好将歌舞借人看。富贵雄豪非分理，骄奢势力横相干。别君去君终不忍，徒劳掩袂伤红粉。百年离别在高楼，一旦红颜为君尽。"时载初元年三月也。

窈娘艺色为当时第一，乔知之宠爱她，不再娶妻成婚。武延嗣（即武则天侄子武承嗣）听说有窈娘这样的女子，强迫窈娘来见他。窈娘来到武延嗣府上，被武氏扣留。乔知之愤痛成疾，写诗《绿珠篇》，借西晋石崇宠妾绿珠的遭遇，抒发内心的哀怨。乔知之托人把诗递给窈娘。窈娘阅后，伤痛至极，将诗笺别在裙带里，投井自尽。

好诗可以充当金钱、可以买卖。元稹《白氏长庆集序》说：

二十年间，禁省、观寺、邮堠、墙壁之上无不书，王公、妾、妇牛、童马走之口无不道，至于缮写模勒，衒卖于市井，或持之以交酒茗者，处处皆是。其甚者，有至于盗窃名姓，苟求自售。杂乱闲厕，无可奈何。予尝于平水市中，见村校诸童，竟习歌咏，召而问之，皆对曰："先生教我乐天、微之诗。"固亦不知予之为微之也。又鸡林贾人求市颇切，自云本国宰相每以一金换一篇，其甚伪者，宰相辄能辨别之。自篇章已来，未有如是流传之广者。

元稹和白居易的诗可以用来换酒、茶，还被人缮写了在市场叫卖。

唐朝诗风弥漫，弥漫到各个角落。诗不再是精神生活中可有可无的一种风雅点缀，而是人生文化生活的必需品，是人们心灵栖息的家园。唐诗之所以成为"一代之文学"，究其原因，并不在于唐诗数量的庞大以及作者的众多，也不仅仅在于唐诗在形式与内容上的创新，而在于唐诗的全民化以及整个社会对诗的崇尚。唐人钟情于诗，几至狂热，中国历史上，没有哪一个朝代能像唐代那样，对诗有着极大的热情，唐诗成了那一时代的人文标记。

在当时历史条件下，唐诗是如何传播的？

一、驿递。通过驿站传递（包括水路传递），犹如今天的邮递、快递。唐时有邮驿制度，约30里一驿。用诗筒、信袋、卷册（抄本、拓本等）等邮递诗文，是唐诗传播的途径之一。

二、商贸。唐代商业贸易十分繁荣。唐代的行商流动性很大，利益追求使行商不惜长途跋涉，商品交流的同时带动了文化交流，很多器物上都有题诗。北商到了南方，被吴姬歌舞搞得流连忘返，张籍《江南曲》“倡楼两岸悬水栅，夜唱《竹枝》留北客”，足见声色之魅力。商客学唱，更甚者买妓而归（成为家妓）。《唐律》奴婢可以买卖，歌妓亦然。诗文随商品与歌妓的流动得以传播。元稹《白氏长庆集序》曾提到鸡林[①]宰相托商人重金购买元、白诗作，唐诗流传域外。另外，唐代书肆颇多，出售各种抄本、拓本、刻印本（晚唐有雕版印刷本）诗文集，文化市场是唐诗传播的主要途径。

三、歌妓。《释名》：“妓，女乐也。”歌妓主要指操持歌舞器乐的女艺人。唐时歌妓年龄有不少仅在十二三岁。唐代歌妓有官妓（1. 宫妓：于皇宫中；2. 官妓：于官府中；3. 营妓[②]：于军队中）、家妓（家中之妓）、民妓（官妓、家妓之外的市井歌妓）。民妓的谋生方式主要是歌舞弹唱以娱人，或侍宴或演出（有的有相对固定的场所，有的则流动性较大）。市井歌妓在唐初就已兴起。从史料上看，安史之乱以后，市井歌妓才真正得以繁荣。唐诗是可以入乐的，歌妓演唱前要选曲，选择动情的内容（歌词即“诗”），还经常向诗人索要诗作。由于歌妓的传唱，诗得以在更广泛的区域、更多的人群中流行。

四、行旅。唐代科举取士，每年都有大批读书人千里迢迢赴京（长安）

① 即新罗，今朝鲜半岛大同江以南地区。

②《史学月刊》1987年第5期载高世瑜《唐代的官妓》，认为“营妓可能只是地方官妓的一种别称”。

赶考，有的屡试不中，拼搏着往返数十次。文士携诗文来去，不忘搜辑、交流、题诗。唐时交通较以往便利，个人或相伴出游者屡见不鲜。文士每到一地，或干谒名流，或挥毫题壁，或狎妓赋诗。至于迁客流人（如白居易贬谪江州司马），为数众多①，同样传播了诗文，不可小觑。

五、交际。彼此间的聚会、游玩、宴饮、赠答、晤谈、娱乐……不分亲疏远近、尊卑高下、男女老少，谈诗、论诗、听诗、唱诗、吟诗、写诗、题诗、赠诗，唐诗在人际间流淌，在话语和音乐中绽放。彼此相传，是唐诗传播的另一途径。

由于唐诗的辉煌，唐代诗人也获得各种美誉：

诗仙　唐“诗狂”贺知章称李白为“谪仙人”（贬谪下凡的仙人）。北宋徐积《李太白杂言》：“至于开元间，忽生李诗仙”，始直呼李白为“诗仙”。明清时期，王嗣奭《梦杜少陵作》：“青莲（李白）号诗仙，我翁（杜甫）号诗圣。”大约明代中期以后，“诗仙”用来专指李白。

诗圣　将杜甫称为“诗圣”，始于明代中后期。明代费宏《题蜀江图》：“杜从夔府称诗圣”，始称杜甫为“诗圣”。清初时，“诗圣”已专指杜甫。

诗魔　白居易《与元九书》：“知我者以为诗仙，不知我者以为诗魔。何则？劳心灵，役声气，连朝接夕，不自知其苦，非魔而何？”《闲吟》：“自从苦学空门法，销尽平生种种心。唯有诗魔降未得，每逢风月一闲吟。”又《山中独吟》：“人各有一癖，我癖在章句。万缘皆已消，此病独未去。”白居易亲近佛法，以“诗魔”自况，去世后，唐宣宗李忱《吊白居易》称其为“诗仙”。后世以“诗魔”指称白居易，未知始于何时何人。

此外，“诗骨”陈子昂、“诗杰”王勃、“诗狂”贺知章、“诗星”孟浩然、“七绝圣手”王昌龄、“诗囚”孟郊、“诗奴”贾岛、“诗豪”刘禹锡、“诗佛”王维、“诗鬼”李贺、“五言长城”刘长卿、“杜紫微”杜牧、“温八叉”温庭筠……诸多雅号，折射出后人对唐诗及其作者的关注。

一千多年过去了，唐诗依旧那么鲜活，那么美丽，那么招人喜爱。只要历史不发生断裂，唐诗就不会消亡，它产自一个民族的内心，是心灵

① 李兴盛：《中国流人史》，黑龙江人民出版社1996年版，第177页。

之诗。

当代人喜欢唐诗，是因为唐诗抒发了“我”的情感，它好像是为自己（此刻的“我”）写的，一旦穿透语言的隔膜（语义障碍），就不再有历史的陌生感与时代的距离感，唐诗写的就是我们现代人的情感。

研究唐诗，需要了解历史背景、时代精神、政治经济文化等一系列因素，作者生平、艺术特色、语言特点、思想内容的深度与广度等，都是研究者要研究的事情。

今天，有些热爱唐诗的人，熟悉的只是其中的一些诗句，不见得会对整首诗进行记忆，更不会去关心这些诗对社会历史的深刻反映，作者的生平遭遇也同时被忽略，他们很少去追究这些诗是在什么时期、什么状态下写就的，他们关注的是唐诗讲出了自己要讲的话，很多情况下，“我”的内心情感无法表达，唐诗却很好地替“我”作了抒发。唐诗之所以活在现代人的心头，就因为它是心灵之诗，它写人的内心情感、内心活动，淋漓尽致，写活了，也写透了。唐诗“主情”，它把根扎在了人的心中。

唐诗里的人生意蕴，至今令人余味无穷。陈子昂《登幽州台歌》：“前不见古人，后不见来者。念天地之悠悠，独怆然而涕下。”面对苍茫宇宙，人在永恒的时间流逝中只是瞬间的一个渺小存在，一种巨大的历史孤独感与沉重的生命时限感长啸而出，满载着人生的悲怆。“年年岁岁花相似，岁岁年年人不同”（刘希夷《代悲白头翁》），任何人的生命都无法长存，即使是帝王将相，“阁中帝子今何在？槛外长江空自流”（王勃《滕王阁诗》）。既然如此，人应当活出意义，活得深刻，应当有自己的价值定位和价值追求。“天生我材必有用”（李白《将进酒》），要有豪迈的自信。“长风破浪会有时，直挂云帆济沧海”（李白《行路难》），要有进取的雄心、广阔的视野，“欲穷千里目，更上一层楼”（王之涣《登鹳雀楼》）。岁月如梭，人到了一定的时段，难免会喟叹：“夕阳无限好，只是近黄昏”（李商隐《登乐游原》）。短暂也好，浮沉也罢，人生也许艰难，重要的一点，要有乐观的心态，古来圣贤皆寂寞，人生得意须尽欢，抓紧活、好好活，“与尔同销万古愁”（李白《将进酒》）。

对感情的各个方面，唐诗都有着极妙的表达。对亲情友情爱情乡情的抒发，更是令人叹绝。彼此相遇，“相逢何必曾相识”（白居易《琵琶行》）。送君千里，终有一别，“劝君更尽一杯酒，西出阳关无故人”（王维《送元二使安西》）。友谊情深，动人心怀，“桃花潭水深千尺，不及汪伦送我情”（李白《赠汪伦》）。友人离去，“日暮酒醒人已远，满天风雨下西楼”（许浑《谢亭送别》）。恋人之间，“相见时难别亦难，东风无力百花残。春蚕到死丝方尽，蜡炬成灰泪始干”。虽然天各一方，但“心有灵犀一点通”（李商隐《无题》）。客居他乡，“举头望明月，低头思故乡”（李白《静夜思》）。他日返回故里，“少小离家老大回，乡音无改鬓毛衰。儿童相见不相识，笑问客从何处来”（贺知章《回乡偶书》）。至于寓情于景，更是意蕴深长，耐人寻味。“秋风生渭水，落叶满长安”（贾岛《忆江上吴处士》），“好雨知时节，当春乃发生。随风潜入夜，润物细无声”（杜甫《春夜喜雨》），“夜来风雨声，花落知多少”（孟浩然《春晓》），“竹怜新雨后，山爱夕阳时”（钱起《谷口书斋寄杨补阙》），如此回味无穷的诗句，数不胜数，不胜枚举。

唐诗的辉煌，空前绝后。之所以“绝后”，一个最重要的原因：诗不再是全民文化生活的主要需求。

宋词 词，最初叫“曲子词”。唐人或直接简称“曲子词”为“曲子”“词”。宋人基本上称为“歌词”。“曲子词”，表明了词是音乐文学。

词后来又被称为“长短句”。为适应歌唱的需要，词的句读不像律诗绝句那样整齐，而是长短不一。杜牧曾写有七绝《清明》：“清明时节雨纷纷，路上行人欲断魂。借问酒家何处有，牧童遥指杏花村。”变其句读，就成为长短句形式：“清明时节雨，纷纷路上行人，欲断魂。借问酒家何处，有牧童遥指、杏花村。”“长短句”表明了词的文本句式特点。有两点需要注意：1.词大多为长短句[1]，而长短句却未必是词。2.初唐时以五言为短句，七言

① 吴丈蜀《词学概说》（中华书局2001年版，第35页）：“长短句虽然是词的别称，但长短句不能概括所有词牌的状况，因为有的词牌并不是由长短句组成而是由字数相同的句子组成。如全是三字句的有《三字令》；五字句的有《生查子》《怨回纥》《抛球乐》等；六字句的有《回波乐》《舞马词》《三台》《塞姑》等……所以，词中也有不是长短句的词体。”

为长句，中晚唐时渐指五七言混合的诗句。

词还被称为“诗余”，认为词是诗的衍生物，是诗的余绪、余波（次要部分），譬如一棵大树，诗为主干，词为旁枝。对“诗余”的解释，有多种说法。宋代已开始流行“诗余”概念，但不将一首词称为“诗余”，仅用作词集题名。至明代，开始用“诗余”指称词。“诗余”表明了人们对不同文体的主次或尊卑认识。

词还有一些叫法，如乐府、倚声、乐章、歌词、歌曲等。

唐朝时人已开始把“曲子词”简称为“词”。宛敏灏说：

> 由全名到简称，或叫“曲子”，或叫“词”，初无一定……后来“词”这个名词终于占了优势，作为这种体裁的通称。尤其词的唱法失传之后，已经成为脱离音乐而独立的一种格律诗，其分类也就从音乐关系转而着眼于文辞了。[①]

常态地用“词”这一概念来指称一种文体，是南宋后期的事了。

唐代的律绝，有的合乐，有的不入乐。唐代结合乐舞的齐言歌辞，称为“声诗”[②]。为了适应歌唱的需要，齐言的律绝被调整为与乐曲节拍相合的形式，或增损字句，或以实词替换那些泛声字。乐调各有其曲拍要求，声诗的定格在歌唱中逐渐被改造成新的模态，长短句形式的词于是萌芽[③]。

南宋黄昇《唐宋诸贤绝妙词选》辑录李白七首词，在《菩萨蛮》下指出，《菩萨蛮》与《忆秦娥》“二词为百代词曲之祖”。清人王昶在《国朝词综序》中说：“李太白、张志和始为词以续乐府之后”，认为词作为一种文学体裁，由李白首创。

菩萨蛮

平林漠漠烟如织，寒山一带伤心碧。暝色入高楼，有人楼上

① 宛敏灏：《词的体制——词学讲话之一》，《安徽师范大学学报》（人文社会科学版）1980年第1期。

② 唐声诗概念，可参阅任半塘：《唐声诗》（上编），上海古籍出版社1982年版，第46页。

③宋代张炎《词源》：“粤自隋、唐以来，声诗间为长短句。”详见蔡桢疏证：《词源疏证》（卷下），北京中国书店1985年版，第1页。

愁。　　玉阶空伫立，宿鸟归飞急。何处是归程？长亭更短亭。

忆秦娥

箫声咽，秦娥梦断秦楼月。秦楼月，年年柳色，灞陵伤别。

乐游原上清秋节，咸阳古道音尘绝。音尘绝，西风残照，汉家陵阙。

这两首词是否为李白所作，历来争议很大。唐玄宗天宝元年（742年），李白应诏进宫，天宝二年（743年），李白供奉翰林。肯定者认为，这两首词乃李白应制之作，是最早的词体作品，发生在唐天宝初年，属于宫廷文学，词起源于宫廷。否定者认为这两首词乃伪托李白之名，词当起源于民间，并受寺庙梵音法曲影响，敦煌曲子词中的一些词作可以为证[①]。

词究竟起源于宫廷，还是起源于民间，是一个复杂的问题。不管起源于哪里，词在盛唐时就已经发生，到了宋代，词进入巅峰时期。

同样是入乐的长短句，有的是"词"，有的是"诗"，这涉及"词"的定义。王力指出，标准的词，必须具备下列三个特点：全篇固定的字数、长短句、律化的平仄[②]。因此，词是"一种律化的、长短句的、固定字数的诗"[③]。

写词要懂得音乐，根据乐曲曲调来写歌词，叫作"倚声""依声""填词"，这是先有曲，后有词，唐宋时期的词多是根据音谱写就的。隋唐时期，乐工记录乐曲使用字谱，又称"文谱"，属于工尺谱的早期形式。宋代，人们开始用工尺谱记声。

---

① 木斋《曲词发生史续》(中国文史出版社2014年版，第63页)：(敦煌曲子词不能证明词的起源)"敦煌词的时间主要在晚唐五代到宋初，乃是词体从宫廷文化中发生，下移到地方州刺史若干时段后的产物，与词体的发生无关，但却与词体的传播与扩散关系密切。"

② 王力：《汉语诗律学》，上海教育出版社2005年版，第495页。

③ 王力：《汉语诗律学》，上海教育出版社2005年版，第495页。

音乐是有“调”的，古人往往把音高、调式、调性[①]统称为“调”，不同的“调”表现了不同的声情。中国古代音乐中有个术语叫“宫调”[②]，每首曲子，均属于某一宫调，有着不同的声调曲式。作为配乐的唱词，也就有了所谓的“词调”，标示了“词”所依附的乐调。笼统地说，乐曲什么调，词也就什么调，词调实际上就是曲调的名称，如《西江月》《念奴娇》等。有一些大规模的演出，需要大型乐队，或许还需要舞蹈。为了适应某种场合需要，人们于是从大曲中截取某些片段以应演出，这种行为，叫作“摘遍”。宋代摘遍形式较为普遍，依据摘遍的曲乐，人们又命名词调，如《水调歌头》等。为了便于选曲，演出前将各词调写在小木牌上，供人挑选，于是有了“词牌”[③]，词牌名实际上就是词调名。现知最早的词牌（即词调名），见于20世纪初发现的敦煌曲子词，如《山花子》《菩萨蛮》等。需要注意的是，词调并不完全等同词牌，存在以下两种情况：1.同调异名。一个词调，也许会有几种唱法、几种变体、几种不同的命名，相应地也就有了几种词牌，如《南歌子》，又名《春宵曲》《水晶帘》《碧窗梦》《十爱词》《南柯子》《望秦川》《风蝶令》。词调《满庭芳》共有七体，清《钦定词谱》卷二十四以晏几道、周邦彦词为正体，黄公度、程骇、赵长卿、元好问、无名氏词为变体。词调《谢秋娘》，白居易照此调写江南景致，因而取白词开头数字，名为《忆江南》。刘禹锡又依此调伤洛阳春色，故又题名《春去也》。2.异调同名。词调《浪淘沙》与《谢池春》，都有一个同名词牌《子夜歌》。

填词要懂音律、识乐谱，实非易事。模仿他人词作，亦步亦趋，终究

① 陈应时《中国乐律学探微——陈应时音乐文集》（上海音乐学院出版社2004年版，第75页）：“由于‘调’本身具有不同的含义，因此不同含义的‘调’所具备的‘调性’，其含义也是不相同的。”他认为，常见的“调性”可分为三类：1.调高性的简称；2.调式性的简称；3.调高性调式性的合称。

② 参见本书“音乐”中所述。

③ 唐宋词作题名，随曲调名。宋代将曲调名书于木牌，名为“曲牌”，尚无“词牌”称谓。元代“曲牌”俗称“牌子”。明代将曲调名称为牌名，并将“词”“曲”分别。明人王骥德《曲律·论调名第三》中说：“曲之调名，今俗曰牌名……于是词而为《金荃》《兰畹》《花间》《草堂》诸调，曲而为金、元剧戏诸调……然词之与曲，实分两途。”“词牌”称呼，自明代始。从此，“词牌”用于词，“曲牌”用于曲，二者有别。后人沿用“词牌”概念至今。

处于窘境。宋代以后，许多乐曲流失，即使有音谱传世，也很难复原歌唱，词因此难以“倚声而作”。由于词调的平仄韵律、字数格式基本固定，因此，人们抛开音谱，抽象出文本形式的词谱，直接按词谱抒情写意进行填词，词从此脱离音乐，成为一种独立的文学样式。

填词有两种类型：依据音谱与依据词谱。唐宋时填词，主要依据音谱；明清时填词，主要依据词谱。最早的词谱，可以追溯到明代周瑛、蒋华所编的《词学筌蹄》，该书当时以抄本形式流传。现存较早的词谱，是明代张綖的《诗余图谱》。

由于词的音乐属性，音乐上的一些概念，在词的体制上也得以反映。唐代音乐有“小曲”“大曲”之别，小曲指单一短小的曲乐，大曲则复杂多变。摘遍后的曲乐，也称为小曲。唐人称小曲为“小令”[①]，节奏较缓且演奏时间较长的，称为“慢”（慢曲，与急曲相别），时长中等的曲乐，称为“引”“近”，节拍较少者为“引”，较多者为“近”。究竟怎样为多、怎样为少，王易《中国词曲史》中说：

> 其节奏以均拍区分，短者为令，稍长者为引、近，愈长则为慢词矣……拍之多少以均而定，约两拍为一均。令则以四均为正；引近则以六均为正；慢则以八均为正。[②]

关于“引、近”的释义，诸说不一。唐五代时，已有“令、引、慢”概念，“近”的称谓，大约出现于宋初。“引、近”概念，在宋代已无区别，任半塘认为，“引与近，两名也，名虽异，其实相同”[③]。

由于音乐的原因，词也就有了“令、引、近、慢”四体。宋人编录词集，只分“令、慢”两体。南宋何士信（存疑）编选《草堂诗余》，将词按景色物类分类编排。明嘉靖二十九年（1550年），上海顾从敬重刊《草堂诗

① 夏承焘、吴熊和《读词常识》（中华书局2001年版，第28页）：“令词的名称当来自唐代的酒令。因唐人于宴会时即席填词，利用时调小曲当作酒令，遂称为令曲，又称为小令。”

② 王易：《中国词曲史》，团结出版社2006年版，第197页。

③ 任半塘：《南宋词之音谱拍眼考》，《东方杂志》1927年第24卷20号。

余》，根据词的字数，按小令、中调、长调予以分类：58字以内者，为小令；59～90字者，为中调；91字以上者，为长调。之所以抛开曲谱，仅从字数着眼，是因明人已难分辨“令、引、近、慢”之乐声区别，故而作此简单分类，虽不尽科学、屡遭讥议，但它大体上符合词的文本特征，因而被人们约定俗成，通行于世。

词在段落上，有专门的叫法：

1.只有一段，叫“单调”，如《忆江南》。

2.分为前后两段，叫作“双调”，上段叫“前阕”“上阕”“上片”，下段叫“后阕”“下阕”“下片”，两段可以合称为“上下阕”“上下片”。双调如《卜算子》。

3.分为三段，叫“三叠”。三叠的段落不再叫“阕”，仍称为“段”。三叠如《夜半乐》。

4.分为四段，叫“四叠”。四叠的段落不叫“阕”，仍称为“段”。四叠的词很少，《康熙词谱》卷三十九仅收录《胜州令》《莺啼序》两首。

词的押韵比律诗宽泛，但平仄却比律诗严格，词的平仄比较复杂。

词一般以词牌名为题，词牌名并不能反映词的内容，它仅表示词的韵律、格式（如韵脚、平仄、字数、句数、段落等），人们于是在词牌名外另注标题，如《念奴娇·赤壁怀古》。

五代时后蜀广政三年（940年），赵崇祚编选了中国第一部文人词集《花间集》，选录温庭筠、韦庄等十八位晚唐至五代词人作品500篇（均为小令），其中411篇以女性为描写对象。中国早有女性与“花”相连的语词习惯，词集因此名为《花间集》，花间十八家被称为“花间词人”。

花间词人以温庭筠为首。温庭筠是中国历史上第一位专业词人，有词68首①，《花间集》收录66首。经过温庭筠的创作，词的长短句体式宣告成熟。作为一种文学体裁，词的体制建构，是由温庭筠完成的。

清人刘熙载《艺概·词曲概》说：“温飞卿词精妙绝人，然类不出乎绮

① 刘学锴《温庭筠传论》（安徽大学出版社2008年版，第254页）：“现存温庭筠词比较可靠的共六十八首，包括《花间集》所录的六十六首和《云谿友议》所载的《新添声杨柳枝》二首。”

怨。”王士祯《花草蒙拾·同能不能独胜》指出：“温为花间鼻祖。”“词为艳科”的本色，也是由温庭筠奠定的。温庭筠、韦庄等人的词风，直接导引了花间词派的形成。此后的诗词创作，基本上延续了“诗庄词媚”的格局，词须香艳柔美而不俚俗，才算得上是“本色词”、正宗的词。

艳科小令，在南唐后主李煜笔端，发生了变化。

李煜词以降宋为界，分为前后两期，共计36首[①]。作为国主，李煜安享尊荣，也是花间词手。亡国后，李煜终日以泪洗面，再无欢乐，痛极而歌，血泪凝篇，成为悲情帝王中千古伤心之人。

词原本是娱乐消费品，李煜将它转变为抒发个人情怀的极佳载体，王国维《人间词话·十五》说：“词至李后主而眼界始大，感慨遂深”，花间派的香艳格局，被李煜打破。龙榆生对李煜词有个评价：

> 往日笙歌醉梦，光景留连（《阮郎归》词中语），至此时，对月已改朱颜，贪欢惟在梦里，凭兹血泪，渗入新词；不独与《花间》作风，殊其旨趣；曲子词之有真生命，盖自后主实始发扬。[②]

所言甚是。

词至宋代，登峰造极。宋代初期的词坛，比较寂寞。在柳永之前，词坛是小令的天下，长调慢词很少[③]。所谓“慢词”，指节奏舒缓而演奏时间相对较长的词调，小令、中调都有可能是慢词。长调指词的字数较多、篇幅较长。慢词着眼于音乐，长调着眼于文本，这两个概念是有区别的。慢词中可以有小令、中调、长调，如无名氏《太平年慢·皇州春满群芳丽》，45字，小令；柳永《卜算子慢·江枫渐老》，89字，中调。慢词中虽有小令、中调，但大多是长调。长调基本上是慢词（也有少数急曲子）。

---

① 杨敏如：《南唐二主词新释辑评》，中国书店2003年版，第8页。

② 龙榆生：《龙榆生词学论文集》，上海古籍出版社1997年版，第208页。

③ 柳永之前91字以上的长调慢词：1.敦煌《云谣集杂曲子》有《倾杯乐》二首、《内家娇》二首。2.五代前蜀尹鹗《金浮图》和后唐庄宗李存勖《歌头》。胡云翼认为李存勖《歌头》乃后人伪作，不可信，详见胡云翼：《中国词史大纲》，北新书局1933年版，第117页。

柳永词究竟多少首？施议对认为柳词204首[①]，薛瑞生《乐章集校注》（中华书局2002年版）收词206首，姚学贤、龙建国《柳永词详注及集评》（中州古籍出版社1991年版）收词213首，唐圭璋编《全宋词》（中华书局1965年版）收词212首。笔者按柳词212首统计，91字以上的长调102首，字数最多的是《戚氏·晚秋天》，212字；最少的是《诉衷情·一声画角日西曛》《减字木兰花·花心柳眼》，44字。

经过柳永的努力，词的体式已经完备，长调慢词开始风靡词坛。小令、中调由于字数限制，不得不力求简约。慢词长调在内容的承载上，有着更大的容量；在艺术表现方面，也有着更广阔的空间。慢词的音乐抒情，旋律舒缓悠扬，很能触发听众的情感，将听众引入一种难以言传的心动境界。与慢曲相随的长调歌辞，言情状物更为细腻，更能清晰生动地演绎人的情感活动，取得小令、中调难以达到的催情效果。

柳永的抒情，情爱写真，细腻缠绵。他大胆地倾吐内心情愫，毫无伪饰遮掩，人的情感积淀，因他的爱情体验激起波澜，他的《雨霖铃》，凄清委婉，多少人为之心动：

雨霖铃

寒蝉凄切。对长亭晚，骤雨初歇。都门帐饮无绪，留恋处，兰舟催发。执手相看泪眼，竟无语凝噎。念去去、千里烟波，暮霭沉沉楚天阔。　　多情自古伤离别。更那堪、冷落清秋节。今宵酒醒何处？杨柳岸、晓风残月。此去经年，应是良辰、好景虚设。便纵有千种风情，更与何人说。

词原本在伶工与士大夫之间传唱，经过柳永的努力，词开始在民间流传。浪迹青楼的他，填词时难免会与歌妓磋商。注重音乐效果以及听众对歌词意义的接受，是柳永填词的准则。通俗优美的歌辞、情意缠绵的咏叹，

① 施议对《词与音乐关系研究》（中华书局2008年版，第75页）："柳永所作《乐章集》三卷及《续添曲子》一卷，共存词二百零四首，凡用十七宫调，词调一百三十，包括调名相同而宫调不同者，计一百五十三曲。"

加上悠婉动听的乐曲、浅斟低唱的氛围，演唱者与听众之间的信息通道顺畅无阻，柳词成为市井传唱的通俗流行歌曲，“凡有井水饮处，即能歌柳词”[①]，词被柳永推向一个崭新的境地，成为都市居民喜闻乐见的文化形式。

词的风格，一直是柔性的、婉约的。苏轼以前，也有一些豪放词（如范仲淹《渔家傲·秋思》），但未能影响词坛风气，直到苏轼刚性的豪放词出现，豪放词才逐渐得到词人重视。

宋代歌乐，重女声，以女声为美。作为音乐文学的词，也因此绵软。柔软婉约，成为词的一种特征。李煜因国破家亡，感慨遂深，所唱虽非艳词，但未能冲击词的软性特质。柳永俗词的出现，又将词的柔媚推向极致。词在发展进程中，大多数题材狭窄、风貌单一，其境界、品位还未能与诗相提并论。

一代奇才苏轼，多有风云之气，他以作诗的雅思标准来写词，不虑女声歌唱，不迎市井需求，力求表现士大夫的逸怀浩气，使雅词回归到士大夫案头。他的词，“无意不可入，无事不可言”[②]，个人情感、社会生活、国事家事、古今历史、自然外物……凡可以看到感到的对象，均可在词中表现，特别是他的豪放词，新天下耳目，领豪放之先。旷达超逸，题材多样，是苏词的显著特点。词的境界因苏轼而升华，词的品位也因苏轼而提高，不再困于艳科藩篱。

苏轼的豪放词有多少首？这是词学界难有定论的问题。吴世昌说：像“大江东去”那样的豪放词，“至多只有六七首”[③]。此后不久，有人指出：

> 苏轼的豪放词远没有他写的婉约词多，但绝非如吴先生所说的那样，只有“大江东去”“明月几时有”“老夫聊发少年狂”等六七首。事实上苏轼的豪放词当有六十首左右，即使按最严格的

① 朱易安、傅璇琮等主编：《全宋笔记（第二编）·叶梦得避暑录话》，大象出版社2006年版，第286页。

② （清）刘熙载撰，袁津琥校注：《艺概注稿（下册）·词曲概》，中华书局2009年版，第497页。

③ 吴世昌：《有关苏词的若干问题》，《文学遗产》1983年第2期。

标准，也不会少于四十首。[①]

李庆皋《东坡词新论与选释》中认为，苏轼豪放词三十几首[②]。这涉及“豪放”的界定，难于精审，故而莫衷一是。

豪放词在苏词中所占比例不大，“豪放”并不是苏词的主导词风。苏轼大多数词是婉约的。以“婉约”与“豪放”概念将词归类，也只能作个大概区分，并不十分准确，因为文学风格是多样的，不是“婉约”“豪放”所能统括。明代张綖最早提出“婉约”“豪放”概念，他在《诗余图谱·凡例》中说：

> 按词体大略有二：一体婉约，一体豪放。婉约者欲其辞情醖藉，豪放者欲其气象恢弘。盖亦存乎其人，如秦少游之作多是婉约，苏子瞻之作多是豪放。大抵词体以婉约为正，故东坡称少游为今之词手。后山评东坡词虽极天下之工，要非本色。

清人王士祯将张綖之“体”改换为“派”，他在《花草蒙拾·婉约与豪放二派》中说：“张南湖论词派有二：一曰婉约，一曰豪放。仆谓婉约以易安为宗，豪放惟幼安称首。”（按：张綖自号南湖居士，李清照号易安居士，辛弃疾字幼安）后人借此论词，纷争由是展开。

豪放词在苏词中虽是少数，但它确实引起后来词家的赞赏与重视，直接导引了北宋末年以后豪放词风的形成，从这个意义上讲，苏轼领豪放词风气之先，并不为过。

便于娱乐的通俗柳词，将词推向市民阶层，受到民众的欢迎，但却背离了士大夫的价值取向，与“传道而明心”[③]的精神坐标不相吻合，因而屡遭讥诟。苏轼的雅词，跳出了词的艳科束缚，表现出士大夫的审美情趣，

① 徐洪火：《简论有关苏词的一些问题——与吴世昌先生商榷》，《西南师范学院学报》（人文社会科学版）1984年第1期。

② 李庆皋：《东坡词新论与选释》，黑龙江教育出版社1989年版，第241页。

③ 四川大学古籍所编：《宋集珍本丛刊（第1册）·王黄州小畜集·答张扶书》，线装书局2004年版，第652页。

把词重新拉回到士大夫案头，展示了词的抒情言志新的发展方向。

苏词的雅，表现在哪些方面？木斋认为：1.题材之雅。反映宋以来士大夫阶层的精神文化生活和新的审美情趣；以自身的生活为第一表现对象，而不是作为女性的代言人。2.境界之雅。苏词有着深邃的思想、深沉的情感，其思想深度、哲学深度，是苏词高雅不俗的基石。3.艺术之雅。语言清新素雅、用典使事风雅、议论超卓高雅。①

词至南宋，出现了李清照、辛弃疾等词坛巨匠。李清照词风清雅，王士祯誉之为婉约之宗。辛弃疾出语豪迈，时时可见英雄壮志，是个十足的豪放词人。

据《全宋词》载，两宋词人1330余家，词作19900余篇，残篇530余首②。孔凡礼《全宋词补辑》增补词人100余家，词作430余篇③。据此合计，宋词大约有2万首（不计残篇），词人1400余家。

两宋词坛所用词调总数共1490调，其中词调正名844调，词调异名646调。常用词调正名206调，低频词调正名638调。宋词沿用唐五代词调75调，新声词调769调，其中以长调慢词的创制最为卓著。④

就词牌出现频率看，前三名依次是《浣溪沙》《水调歌头》《鹧鸪天》。

元曲 词的雅化，使词与民众渐行渐远，终于在元代被接近口语的“曲”所取代。

词因雅化而逐渐案头化，至南宋后期，词已难被之管弦，原本入乐的长短句形式的词，在北方的民间曲艺中找到了繁衍土壤，因歌唱的需要，词被曲化（音乐化）、俗化（通俗化），一种新的韵文体式——曲——得以产生。

曲与词最大的不同，在于曲的结构比词灵活、自由，词一般无衬字，而曲则可以添加衬字。

---

① 参见王洪：《论东坡词的“雅化”及其对词史的影响》，《中国人民大学学报》1997年第1期。按：王洪笔名木斋。

②唐圭璋编纂、王仲闻参订、孔凡礼补辑：《全宋词》，中华书局1999年版，“凡例”第1页。

③ 孔凡礼辑：《全宋词补辑》，中华书局1981年版，“简例”第2页。

④ 参见刘尊明、范晓燕：《宋代词调及用调的统计与分析》，《齐鲁学刊》2012年第4期。

曲的衬字，与古诗以及乐府中的衬声字不同。衬声字是顺应音乐的需要，在歌诗中出现的纯粹的虚词，有音无义，没有实在的语言意义。而曲的衬字，可以是衬声字，也可以是实词，有着具体的语言意义。关汉卿套曲《不伏老》中的衬字，是一个典型的例子（有着重号的字为衬字）：

【南吕】一枝花

不伏老

【尾声】我是个蒸不烂、煮不熟、捶不匾、炒不爆响当当一粒铜豌豆，恁子弟每谁教你钻入他锄不断、斫不下、解不开、顿不脱慢腾腾千层锦套头。我玩的是梁园月，饮的是东京酒，赏的是洛阳花，攀的是章台柳。我也会围棋、会蹴踘、会打围、会插科、会歌舞、会吹弹、会咽作、会吟诗、会双陆。你便是落了我牙、歪了我嘴、瘸了我腿、折了我手，天赐与我这几般儿歹症候，尚兀自不肯休。则除是阎王亲自唤，神鬼自来勾，三魂归地府，七魄丧冥幽，天哪，那其间才不向烟花路儿上走。

去掉衬字，《不伏老》正字为：

我是一粒铜豌豆，钻入千层锦套头。梁园月，东京酒，洛阳花，章台柳。会围棋、会蹴踘、会打围、会插科、会歌舞、会吹弹、会咽作、会吟诗、会双陆。落了我牙、歪了我嘴、瘸了我腿、折了我手，几般歹症候，兀自不肯休。阎王亲自唤，神鬼自来勾。三魂归地府，七魄丧冥幽，不向烟花路上走。

这个【尾声】，实即【南吕·黄钟尾】[①]。按元曲谱看，【黄钟尾】每句字数为[②]：

其一：7，7。3，3，……3，4，7。

① 蓝立萱：《汇校详注关汉卿集》（下），中华书局2006年版，第1707页。

② 详见蒋星煜：《元曲鉴赏辞典》，上海辞书出版社1997年版，第1445页。

其二：7，7。3，3，……4，4，……3，4，7。

其三：7，7。3，3，……7。2，2，7。

其四：7，7。3，3，……4，4，……7。2，2，7。

其他：（略）。

由于版本流传，大的正字与小的衬字，混淆不分，导致后人对正字、衬字难以区分。开头一句的正字，王力认为是“响当当一粒铜豌豆”[①]。四字句“落了我牙、歪了我嘴、瘸了我腿、折了我手”，正字亦可认为三字句“落我牙、歪我嘴、瘸我腿、折我手”。明人朱权《太和正音谱》卷下录刘庭信散套《黄钟尾·惊回好梦添凄楚》，末了两句均为十二字句。关汉卿这个曲辞有增句（五字句），在正格之外增添语句，也是曲的特有现象。

如果无衬字、增句，不考量韵例，单从形式看，词、曲几乎没有区别。在称谓上，词、曲的“名称有时候是相混的：唐人所谓曲，是后代所谓词；元人所谓词，又是后代所谓曲”[②]。至明代，词、曲概念才有了明显区分。明人称曲为“词余”[③]，足见词、曲的近亲关系。

文学史上的元曲，包括元杂剧与散曲。为什么言“曲”却包含“剧”？刘大杰说：

> 所谓元曲，实包含两个部分：一是散曲，一是杂剧。散曲可以说是元代的新体诗，杂剧是元代的歌剧；散曲可以独立，同时又是构成元代歌剧的主要部分。它们在语言的性质上虽是同源，但在文学的作用上，却是异体。双方的关系固然非常密切，但它们却各有诗的与戏剧的独立生命。前人研究元杂剧时，只注意其中的曲辞，用这种曲辞去代表元杂剧的全部生命，因此许多选本如《词林摘艳》《雍熙乐府》一类的书，只选录其曲辞，而把那些剧本的内容不加重视，于是剧本中的曲辞与散曲混杂起来，在这

① 王力：《汉语诗律学》，上海教育出版社2005年版，第694页。

② 王力主编：《古代汉语》（校订重排本）第4册，中华书局2001年版，第1657页。

③ 明代李玉《南音三籁》（台湾学生书局1987年版，第899页）：“词者，诗之余；曲者，词之余。”

一种情状下，元曲便成了散曲与杂剧的总称。[①]

从地域上看，曲有南曲、北曲之分。南曲是南方戏曲、散曲等的统称，北曲是北方戏曲、散曲等的统称。从应用场合看，曲又有剧曲、散曲之分（元人对剧曲、散曲尚无明确区分）。一首曲辞，放在剧本中，就成为剧曲，脱离剧本单独清唱，就成为散曲（零散、单只谓之“散”）。

散曲是金元时期北方兴起的一种新的演唱诗体，有简单的乐器伴奏，用于清唱。元代散曲盛行，但元人并无“散曲”名称，而是称之为“乐府”“新乐府”“北乐府”“今乐府”等，至明代，元人曲辞始被称为“散曲”[②]，又称“清曲”[③]。

本文所述元曲，仅指剧曲、散曲，即所谓的曲，不讨论杂剧与南戏的一些问题。

词有词牌，曲有曲牌，性质相同，都是音乐曲调名。有些曲牌名与词牌名是一样的（如《念奴娇》等），但大多数曲牌名与词牌名不同（如《叨叨令》等）。乐工看曲牌，重音乐声腔；文人看曲牌，重格律要求。曲是有格律要求的，句数、字数、平仄、押韵都有规定。曲的押韵比较宽松，词讲究平韵还是仄韵，曲则平仄通押，一韵到底，并且不忌重韵（相同的韵脚字）。北曲中已无入声字。

在形式上，散曲有小令、套数两种。

小令　独立的只曲，相当于单调的词，是散曲的基本单位。小令没有双调、三叠形式，也没有换韵的情况，几乎句句押韵。小令允许添加衬字，但衬字较套数、剧曲为少。衬字多存于北曲中，字数、平仄均不受格律限制。唱曲时，衬字可唱可念，原则上不占用音律节拍，不破坏已有的声腔系统，但有因衬字增加节拍的现象。南曲中也可使用衬字，但不及北曲自由，衬字一般不超过三个字，且不增加音乐节拍。元人最初称小令为“街

① 刘大杰：《中国文学发展史》下卷，复旦大学出版社2006年版，第3页。

② “散曲”作为文体之称，最早见于明初朱有燉的《诚斋乐府》，该书分“散曲”“套数”两卷。

③ “清曲”词起源甚早，明人所谓“清曲”，有时指散曲，有时指清雅乐曲。

市小令”“叶儿”[①]，清人朱彝尊曾撰《叶儿乐府》一卷，也是袭用元人语意。

马致远《【越调·天净沙】秋思》（小令，无衬字）：

枯藤老树昏鸦，小桥流水人家，古道西风瘦马。夕阳西下，断肠人在天涯。

钟嗣成《正宫·醉太平》（小令，有着重号的字为衬字）：

风流贫最好，村沙富难交。拾灰泥补砌了旧砖窑，开一个教乞儿市学，裹一顶半新不旧乌纱帽，穿一领半长不短黄麻罩，系一条半联不断皂环绦，做一个穷风月训导。

每首小令均属于某一宫调。一首小令结束，如果意犹未尽，可以按相同宫调再写一曲或两曲，总数不超过三曲，这种小令称为“带过曲”，如【正宫·端正好】带【滚绣球】等。元人散曲命题时，直接标明“带”“过”“兼”，罕见不标“带过”的组曲。下面是马谦斋【中吕·快活三】带过【朝天子】【四边静】：

【中吕·快活三过朝天子四边静】冬

【快活三】李陵台，草尽枯。燕然山，雪平铺。朔风吹冷到天衢，怒吼千林木。【朝天子】玉壶，画图，费尽江山句。苍髯脱玉翠光浮，掩映楼台暮。画阁风流，朱门豪富，酒新香，开瓮初。毡帘款籁，橙香缓举，半醉偎红玉。【四边静】相对红炉，笑遣金钗剪画烛。梅开寒玉，清香时度。何须蹇驴，不必前村去。

“带过曲”没有尾声，是小令的扩张、延伸形式，有的文学史书上称之为“合调”[②]，把它看作小令向套数的过渡形式。

---

① 元代燕南芝庵《唱论》：“成文章曰‘乐府’，有尾声名‘套数’，时行小令唤‘叶儿’。套数当有乐府气味，乐府不可似套数。街市小令，唱尖歌倩意。”尖歌倩意，指情歌。尖歌，谓女声；倩意，美意。

② 参见刘大杰：《中国文学发展史》下卷，复旦大学出版社2006年版，第5页。

谈“曲”必然会遇到古代乐律的“宫调”概念，请参阅本书“音乐”中的介绍。

套数　又名“套曲”“散套”，由同一宫调的两支以上的单曲组成，以“套”为计量单位，一个组曲为一套。套数中单曲可多可少，多的可达二三十调，各曲要求同韵，每套须有结束曲。北曲结束曲名称不一，如“尾”“尾声”“收尾”“煞”“煞尾”“赚煞”“随煞”等。南曲各宫调都有“尾声”曲牌，或称之为“余音”“余文”“情不尽”“意有余”等。套数与过渡曲的根本区别就在于是否有“尾声”。套数有北曲套数、南曲套数、南北合套三种。脱离剧本的，叫“散套”，用在剧本中与科、白[①]相配合的叫“剧套”，元杂剧一般一个情节段落用一组套曲，也就是一折为一套。

下面是马致远的一组套曲：

【双调·夜行船】秋思

【夜行船】百岁光阴一梦蝶，重回首往事堪嗟。今日春来，明朝花谢，急罚盏夜阑灯灭。

【乔木查】想秦宫汉阙，都做了衰草牛羊野。不恁么渔樵无话说。纵荒坟横断碑，不辨龙蛇。

【庆宣和】投至狐踪兴兔穴，多少豪杰！鼎足三分半腰折，魏耶？晋耶？

【落梅风】天教你富，莫太奢，无多时好天良夜。富家儿更做道你心似铁，争辜负了锦堂风月。

【风入松】眼前红日又西斜，疾似下坡车。不争镜里添白雪，上床与鞋履相别。莫笑巢鸠计拙，葫芦提一向装呆。

【拨不断】利名竭，是非绝。红尘不向门前惹，绿树偏宜屋角遮。青山正补墙头缺，更那堪竹篱茅舍。

【离亭宴煞】蛩吟一觉才宁贴，鸡鸣万事无休歇。争名利何年

① 元杂剧三要素：曲、白、科（或称唱、白、科）。曲，剧本的主要部分，包括曲牌名及唱词。白，又叫“宾白”，剧种人物的台词、道白。科，又称“科范”，剧本中关于动作行为以及环境事态的提示，如“笑科”，表示演员此刻当作笑状。

是彻！看密匝匝蚁排兵，乱纷纷蜂酿蜜，急攘攘蝇争血。裴公绿野堂，陶令白莲社。爱秋来那些：和露摘黄花，带霜分紫蟹，煮酒烧红叶。想人生有限杯，浑几个重阳节？人问我顽童记者：便北海探吾来，道东篱醉了也！

词有“词谱”，曲也有“曲谱”。曲谱厘定了各曲牌的格律及唱腔唱法，明确了曲牌的句数、字数、平仄押韵、正格与变格，成为曲辞作者依循的格律范本。曲谱分为两类，一为格律谱，俗称“平仄谱”；一为音律谱，即宫谱，俗称“工尺谱”。现存较早的北曲格律谱是明代朱权编撰的《太和正音谱》，较早的南曲宫谱是明人蒋孝的《旧编南九宫谱》。

散曲是中国古代韵文中最为开放的艺术形态，同时也是中国古代韵文的终极形式。与此前的诗词相比，散曲的言志抒情更为自由灵活，衬字增句的使用，使散曲拥有了语言与情感的伸展空间。语言上，北曲中已无入声字，押韵时又平仄不拘，这就使得今人在诵读散曲时，依然可以感受到其中的韵律美与声情美。至于元曲（剧曲与散曲）对社会与人生的表现，更使得今人能够触摸到那一时代的脉搏。从艺术角度看，“通俗、自然、现实”是元曲最显著的特点。

与唐诗宋词相比，散曲数量较少。据隋树森《全元散曲》（中华书局1964年版）记载，元代散曲作家200余人，小令3853首，套数457套（残曲除外）。至于元散曲乐谱，流传下来的，据杨荫浏统计，共589曲（含289首残套曲）[①]。

① 杨荫浏：《中国古代音乐史稿》（下），人民音乐出版社2004年版，第631页。郑祖襄《中国古代音乐史》（高等教育出版社2013年版，第133页）：“据今人孙玄龄研究，原散曲的乐谱现存680首（其中包含少数南曲散曲乐谱）。”孙玄龄《元散曲的音乐》（文化艺术出版社1988年版）根据《九宫大成》（即《九宫大成南北词宫谱》）得出680首元散曲乐谱，并列出“元散曲存留乐谱详细情况统计表”。杨荫浏、孙玄龄所论均依《九宫大成》，由于元曲音乐在明代已经失传，《九宫大成》所载并非真正保持原貌的元散曲乐谱，而是已经昆曲化的北曲谱，因此，据《九宫大成》作出的结论是否可信，时有研究者质疑。

音　乐

音乐中有1（do）、2（re）、3（mi）、4（fa）、5（sol）、6（la）、7（si）七个基本音，构成了七声音阶。在此基础上，各音级又有了音的高低变化以及发声时间的长短，经过人为的组合，于是便有了“乐”，“乐”是“音”的艺术组合。

1983—2013年，考古工作者对河南舞阳贾湖遗址先后进行了8次挖掘，出土骨笛38件[①]。距今约7500—9000年的贾湖骨笛，用鹤类尺骨制成，多为七孔笛，编号M282：20骨笛保存最为完整，如图：

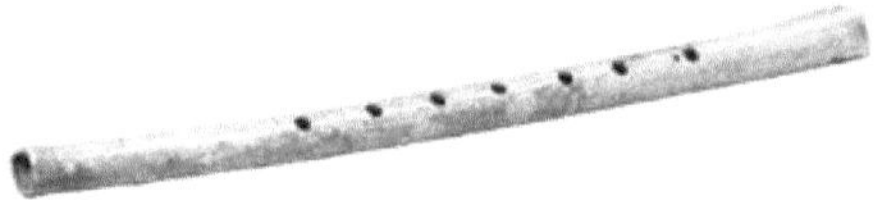

河南省博物院所藏贾湖骨笛[②]

贾湖骨笛的出土，颠覆了以往人类史前音乐文化史的研究，各国音乐研究者莫不为之惊叹。王子初在《中国音乐考古的十大发现》中说：

> 据中国艺术研究院音乐研究所的测音研究表明，舞阳贾湖骨笛已经具备了七声音阶结构，而且发音相当准确。考古学家们对舞阳贾湖遗址的木炭、泥炭作了C-14测定，其中14支七音孔骨笛的年代是距今8200—8600年……舞阳骨笛的问世，将中外学者聚讼多年的严肃学术论题变得已如同儿戏：中国既已在八九千年前使用了七声音阶，2000多年以前的战国末期有无七声音阶的疑问

① 1983—2001年七次发掘，出土骨笛35件。2013年第八次发掘，出土骨笛3件。

② 图片取自人民政协网：http://www.rmzxb.com.cn/c/2016-02-25/708122.shtml?n2m=1。

> 自不必再谈，荆轲所唱的“变徵之声”也无须由两河流域东传而来。
>
> 舞阳骨笛彻底改写了中国音乐史的远古部分，使中国音乐艺术的源头，一下子向前延展了6000个年头；中国音乐史第一次甩掉神话传说这根拐棍，以考古学实证的方法，全新地、科学地诠释了中国远古时期音乐生活的面貌。更值得注意的是，舞阳骨笛出土的学术价值所及，已远远超出中国的地域范围，它向世界宣称，在迄今为止发现的一切史前音乐文化的物证中，舞阳骨笛无论在年代及可靠性方面，还是在艺术成就方面，都是无与伦比的。中华民族的音乐文化在史前时期已远远走在世界的前面。舞阳骨笛的出土，已经改写了人类的音乐艺术史。①

秦嘉谟辑补本《世本》卷九《作篇》说：“黄帝使素女鼓瑟，哀不自胜，乃破为二十五弦，具二均②声”，又说黄帝使“伶伦造律吕”。传说中的黄帝距今约5000年，贾湖骨笛的出土，证明了传说并非空穴来风，音乐律吕概念的出现，远比商周时期要早许多年。

先秦时，五声被称为“宫商角徵羽”，大致相当于今天的简谱1（do）2（re）3（mi）5（sol）6（la），再加两个“变声”——变徵、变宫，就构成了七声音阶：

宫	商	角	变徵	徵	羽	变宫
1	2	3	#4	5	6	7

无论是五声（又称五音）还是七声（又称七音），各音级的音高是相对的，但只要第一级音的音高得以确定，其余音级的音高也就确定下来，换句话说，1（do）的音高确定了，其他各音的音高也就随之而定。1（do）统领了各音。因此，1（do）被称为“宫”，犹如君主统领众臣，《淮南子·天文训》：“宫者，音之君也。”

① 王子初：《中国音乐考古的十大发现》，《星海音乐学院学报》2012年第2期。

② 均（yùn），乐律名。

音高要有个标准，这个标准，叫作“律”。律，标准，音高标准。先秦时有十二律：黄钟、大吕、太簇、夹钟、姑洗、仲吕、蕤宾、林钟、夷则、南吕、无射、应钟。

十二律中，位于奇数的叫“阳律”，或称“六律”；位于偶数的叫“阴律”，或称“六吕”。先秦时往往以“六律”代称十二律。十二律实际上是十二个半音，对应于现代钢琴键：

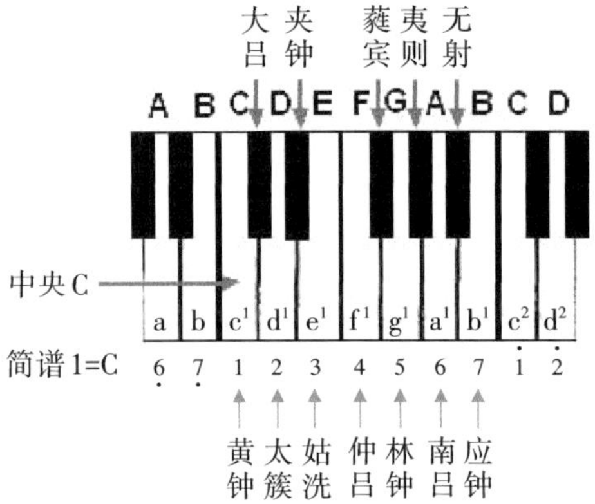

七音十二律的对应关系如下表：

七音十二律与现代音名对应表

十二律	黄钟	大吕	太簇	夹钟	姑洗	仲吕	蕤宾	林钟	夷则	南吕	无射	应钟
七音	宫		商		角		变徵	徵		羽		变宫
音名	C	♯C或♭D	D	♯D或♭E	E	F	♯F或♭G	G	♯G或♭A	A	♯A或♭B	B
简谱	1		2		3	4		5		6		7
唱名	do		re		mi	fa		sol		la		si

按朱载堉十二平均律，变徵对应仲吕，先秦律制变徵对应蕤宾。

尽管宫音（do）高低可以变化，但必须要有一个基本标准，要有基准音，十二律就是十二个标准音。先秦时用竹管来定音，称为“律管”，通过“三分损益”的方法，来获得各乐音的标准音高。

首先以黄钟为宫，为首律，取黄钟管长九寸①，截去三分之一长度，得

① 周尺：一尺约合今制23.1 cm，一说约合今制22.5 cm。参见本书附录《中国古代度量衡》。

到林钟管长，这是三分损一。将林钟管长增加三分之一，得到太簇管长，这是三分益一。将太簇管长三分损一，又得到南吕管长。如此下去，得到十二律管，各律管吹出的音为标准音高。如图：

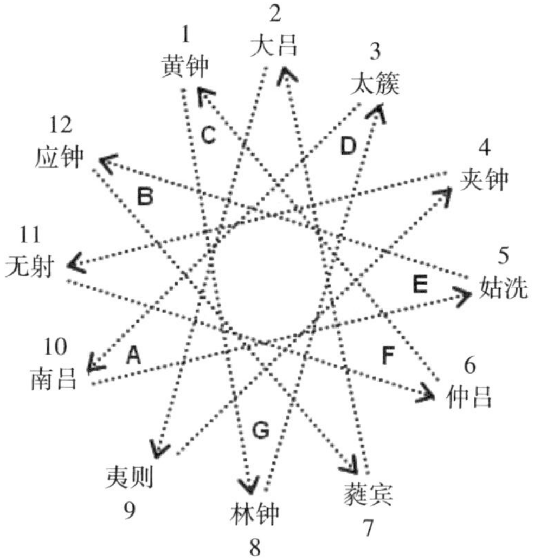

十二律相生图（顺时针方向）

七声音阶，每八度生一律，叫作“隔八相生”。五声音阶，则“五度相生”，每纯五度生一律，习惯上称为“五度相生律”。

三分损益法究竟是先损后益还是先益后损，学术界存有争议[①]。三分损益法确定的律叫作三分损益律，其半音之间有些微误差，生律到最后，误差累积，不能返回到原点宫音，也就是所谓的“黄钟不能还原”。因此，十二律不是平均律。从汉代开始，人们就设法修正三分损益律存在的问题，直到明代朱载堉“不宗黄钟九寸”，不再拘守三分损益法，用数学开方精密计算，于明万历九年（1581年）提出“新法密率”（即“十二平均律”，又称十二等程律），成为现代通行的律制，同时成为钢琴定音的依据。

三分损益法虽然不十分完备，但它却是世界上最早、最先进也最精妙的一种方法，三分损益律也是人类音乐与数学相结合的最早智慧结晶。

① 修海林《先秦三分损益律生律方法的再认识——谈“先益后损”“先损后益”两种生律方法的并存》（《音乐研究》2008年第5期）认为，两种生律次序并存，但得出的律数有差异。

现代通行的十二平均律[①]，究竟是中国的朱载堉还是法国的马林·梅森（Marin Mersenne）发明的？

2005年1月14日，《北京周报》第四版“国际新闻”公开声明，2004年末，海外传来一个可喜的消息：美籍华裔学者卓仁祥因对朱载堉研究的贡献，荣获“2004国际音乐家”奖。他用了十年时间查阅了中国内地及香港诸多大学的档案，走访了很多专业人士，并在美国哈佛燕京图书馆和旧金山的利玛窦中心进行实地考证和研究，用六年时间写作，并在2003年出版了专著《音乐平均律于十六世纪在中国及欧洲的发现》，在书中提供了确凿的证据证明了十二平均律是中国人的发明。书中肯定了朱载堉在历史和数学方面的贡献，指出法国数理学家梅尔森著作中出现的数字1.059463，是朱载堉用开方的方法计算出来的，被利玛窦或他的耶稣会带到修道院，而后被梅尔森获悉。卓仁祥还指出在中国古代，数学、乐学和占星术与哲学都存在着内在的联系，所以对平均律的探求不仅仅是音乐问题，而是很多边缘学科的综合体现。他用古人的例子研究十二平均律问题，确认了朱载堉在人类文化历史中的地位。具有说服力的说明了朱载堉是世界上第一个精确计算十二平均律的人，肯定了他对世界音乐科学文化的贡献和价值。[②]

十二律概念何时产生以及如何产生，是乐律学研究者历来探索的问题。《吕氏春秋·古乐篇》说：“昔黄帝令伶伦作为律”，伶伦制出十二律管。从贾湖骨笛的制作以及音准来看，十二律概念应当在黄帝时已经产生，只是因无文字记载，后世的口耳相传又难免参入附着成分，这才导致一些研究者采取不予采信的谨慎学术态度。

依据十二律，宫音可有高低变化，即所谓“转调”，如同俗语所谓“确定调的高低”。古人采用“还相为宫”（即所谓“旋宫”）的方法来确定宫

① 十二平均律、五度相生律、纯律，是现代通行的三种律制。

② 周莎：《朱载堉十二平均律研究》，《艺术评鉴》2016年第11期。

的音高。《礼记·礼运》上说："五声六律十二管，还相为宫也。"[①]当宫在黄钟，即以黄钟为宫，称为黄钟宫，或称黄钟均（yùn）。若宫在大吕，以大吕为宫，称为大吕宫、大吕均。宫在太簇，以太簇为宫，称为太簇宫、太簇均。如此，宫可处于十二个位置，有十二种不同音高的变化：

十二均五声旋宫表

律名 均名	黄钟	大吕	太簇	夹钟	姑洗	仲吕	蕤宾	林钟	夷则	南吕	无射	应钟
黄钟均	宫		商		角			徵		羽		
大吕均		宫		商		角			徵		羽	
太簇均			宫		商		角			徵		羽
夹钟均	羽			宫		商		角			徵	
姑洗均		羽			宫		商		角			徵
仲吕均	徵		羽			宫		商		角		
蕤宾均		徵		羽			宫		商		角	
林钟均			徵		羽			宫		商		角
夷则均	角			徵		羽			宫		商	
南吕均		角			徵		羽			宫		商
无射均	商		角			徵		羽			宫	
应钟均		商		角			徵		羽			宫

注：将"变徵"紧挨在"徵"前、"变宫"紧靠在"羽"后，就成为七声旋宫。

十二均中，每均都有五种调式。所谓调式，即以哪个音为主音。简单地讲，乐曲中出现最频繁，同时又是以其结束的音，是主音。以宫为主音，

①《礼记·礼运》："五行之动，迭相竭也。五行四时十二月，还相为本也。五声六律十二管，还相为宫也。"郑注："竭，犹负载也。言五行运转，更相为始也。五声：宫、商、角、徵、羽也。其管阳曰律，阴曰吕，布十二辰，始于黄钟，管长九寸，下生者三分去一，上生者三分益一，终于南吕，更相为宫，凡六十也。"还（xúan），旋。"还相"即"旋相"，更相。详见李学勤主编《十三经注疏·礼记正义（中）》，北京大学出版社1999年版，第691页。

叫宫调式；以商为主音，叫商调式；以角为主音，叫角调式……下面是五声调式音阶表：

五声调式音阶表①

宫调式	C	D	E	G	A	C
	1	2	3	4	5	$\dot{1}$
	宫	商	角	徵	羽	宫
商调试	D	E	G	A	C	D
	商	角	徵	羽	宫	商
	2	3	5	6	$\dot{1}$	$\dot{2}$
角调试	E	G	A	C	D	E
	3	5	6	$\dot{1}$	$\dot{2}$	$\dot{3}$
	角	徵	羽	宫	商	角
徵调试	G	A	C	D	E	G
	$\underset{\cdot}{5}$	$\underset{\cdot}{6}$	1	2	3	5
	徵	羽	宫	商	角	徵
羽调试	A	C	D	E	G	A
	$\underset{\cdot}{6}$	1	2	3	5	6
	羽	宫	商	角	徵	羽

注：宫调式：1＝C　商调式：1＝D　角调式：1＝E　徵调式：1＝G　羽调式：1＝A

五声音阶，可以构成“十二宫×五调式＝六十调”，七声音阶则可构成八十四调。古时所谓的“宫”，如同现代所说的“调”，着眼于音高；古时所谓的“调”，如同现代所说的“调式”，着眼于主音。古人常言“宫调”，是“宫”与“调”的合称，“还相为宫”的结果，被笼统地称为六十调或八十四调。

先秦乐律已相当成熟。1978年9月22日，65枚战国初期曾侯乙青铜编

① 参考李重光：《简谱乐理知识》，人民音乐出版社1980年版，第90页。

钟在湖北随州城西擂鼓墩东团坡古墓出土。

曾侯乙编钟现藏湖北省博物馆，为该馆“镇馆之宝”。

该编钟长钟架长748厘米、高265厘米，短钟架长225厘米、高273厘米。最大钟通高152.3厘米，重203.6公斤。最小钟通高20.4厘米，重2.4公斤。编钟共65枚，重2567公斤。加上其他铜质配件1854.48公斤，整套编钟耗用青铜4421.48公斤。

湖北省博物馆藏曾侯乙编钟展厅碑文介绍：

> 每件钟具备“一钟双音”的特征。全套编钟音域跨五个半八度，十二律齐备，可以旋宫转调。
>
> 钟及钟架、挂钩上共有3755字的铭文，内容为编号、记事、标音以及记录诸如音名、音阶、八度组、各国律名对应关系等方面的乐律理论。其中甬钟的乐学标音体系以姑洗均为纲（do=C）。姑洗是曾国律名。经测试，姑洗律的音位约为C，黄钟律高相当于^{b}A。

曾侯乙编钟分三层悬挂，上层为钮钟，中、下层为甬钟，下层中央（右起第5钟）为楚惠王赠送的镈钟。编钟音域从大字一组的C到小字三组的d，中音区十二律齐备，以姑洗音为基准，构成一个七声音阶，与现代七声音阶、钢琴键大字组吻合。2400年前的中华音乐艺术就已达到如此程度，令世界震惊。

1999年2月至1999年11月，“中华和钟”（青铜编钟）制作完成，安放在北京天安门东侧劳动人民文化宫太庙内。中华和钟以曾侯乙编钟为原型，“一钟双音”，采用十二平均律，音高标准442 Hz，音域C—c^5，与钢琴音域相差无几，是世界上最大的仿古民族乐器。

音乐活动催生了乐律，乐律的发展又推动了音乐的繁荣和品位的提升。音乐不再是“三人操牛尾”中的踏足而歌，它早已从简单的律动化为人类心灵的渲染、欲望的诉求以及社会生活中不可抛弃的组成部分。

西周时，音乐就已成为政治活动的组成部分。周公“制礼作乐”，用“礼”来规范社会及伦理秩序，“礼”成为人们的思想指南、行为准则、道德标准。“乐”与“礼”相辅相成，“乐”以其特有的动情功能，使“礼”化入人心。礼、乐结合紧密，如影随形。春秋时，礼崩乐坏，孔子痛心疾首，力倡“克己复礼”“以仁为本”“兴礼乐”。对于那些“乱雅乐”的“郑声”，孔子要求人们远离它、抛弃它。所谓“雅乐”，本指王畿之乐。对王畿来说，在言为雅言，在诗为雅诗，在乐为雅乐。雅乐乃“正乐”[①]，有着肃穆端正的特点，使人心平和，是“善”与“美”的统一，是“礼”的艺术体现，合礼之乐也就被称为雅乐。郑声即郑国之声，郑国民间的时俗乐声。《诗经》里有郑风21篇、卫风10篇，内容多样，都有着“思无邪”的特点，因其合礼，故孔子不予排斥。孔子所言乱雅乐之郑声，是指郑国地方上一些流行的有违礼制的世俗之乐，这样的音乐，除了郑国有，卫国也有，人称“郑卫之音”（郑、卫，在今河南一带）。这些乐管弦繁奏，杂声并作，节奏过快，音响震耳，令人烦躁，摇滚乐如果放在孔子时代，便属于“郑卫之音”。郑卫之音又多酒色成分，音声靡软，演出时男女混杂，惑人迷乱，这种音乐时称“溺音”。郑卫之音作为一种“新声”，在社会上广为流传，呈燎原之势。孔子那时还没有“俗乐”[②]的说法，自然也就不存在“雅乐”与“俗乐”的比较。最晚在隋朝，“俗乐”概念定型。

儒家论乐，立足于人与社会；道家论乐，立足于人与自然。老子提出一个著名观点——“大音希声”[③]。“声”与“音”，在不同语境中有着不同涵义[④]。老子这里所说的“音”，指自然宇宙的音乐，“声”指人为制作的乐曲、人为的音乐形式。老子以自然为本，“道法自然”，主张“无为”（不主观妄为）。在老子看来，最理想、最完美的音乐，是自然宇宙本有的音乐，

① 参见本书“诗词”中关于雅乐所述。

② “世俗之乐”指郑卫之音，后世“世俗之乐”也就是所谓“俗乐”，多指民间音乐与一些宴乐，先秦时“世俗之乐”与后来的“俗乐”，概念上是有区别的。

③《老子》第四十一章：“大白若辱，大方无隅，大器晚成，大音希声，大象无形。”

④《礼记·乐记》：“凡音者，生人心者也。情动于中，故形于声。声成文，谓之音。”《礼记正义·乐记第十九》：“文，谓宫、商相应，若画采成文。”嵇康《声无哀乐论》：“夫声之于音，犹形之于心也。”嵇康所谓“声”，指音乐形态，所谓“音”，指音乐内容。

它和谐美妙地融合在宇宙中，其间不掺杂人为曲乐。人的“声”，是主观有意为之，而“大音”，则是宇宙的自然之音。对于“大音”，人耳听不到，但可以感悟到。老子这种思想，到庄子变为“天籁”“地籁”“人籁”。“天籁”如天地间众窍自鸣，不受外力限制，自然天成。“地籁”如风吹孔窍之声，亦自然之声，但要受风的限制，在外力的作用下才有声响。“人籁”系人为之音，各种器乐之声。人籁若能取法自然，与天道、自然相和，就成为“天乐”，如《咸池之乐》①。“天乐”是人间音乐的最高层次，它使人进入“天人合一”的境界：“天地与我并生，万物与我为一”（《庄子·齐物论》）。如此看来，“天乐”的层次可与“天籁”并列。老子的“大音”，听之不闻；庄子的天籁，听而闻之②。

儒家兴乐，墨家“非乐”。墨子立足现实功利，否定音乐，在反对儒家礼乐方面，与道家结成统一战线。王公贵族高举礼乐大旗，暴敛民财，沉湎乐舞，奢侈享受，平民百姓则“不得食”“不得衣”“不得息”。墨子针对音乐祸国殃民的社会现实，提出“非乐”主张，彻底否定音乐，否定音乐的艺术功能以及社会功能，认为音乐无益于国家、社会、人民。王公大人侈靡于音乐，糜烂堕落而不理朝政，又屡屡兴乐扰民，劳民伤财，因此必须禁乐③。墨子的观点，在当时无疑具有思想进步性。墨子通过“非乐”，进一步揭露、抨击了统治者的腐朽与罪恶，将批判矛头直指统治者。墨子的“非乐”很彻底，连音乐这一艺术形式也予以否定，矫枉过正，好坏一锅端。

法家代表人物韩非，立足社会法治，在《韩非子》中透露了他的音乐思想。韩非很少谈及音乐，他认为，女乐害身误国，“不务听治，而好五音不已，则穷身之事也……耽于女乐，不顾国政，则亡国之祸也”④；“圣人

①《庄子·天运》：“帝张咸池之乐于洞庭之野。”《庄子·天道》：“与人和者，谓之人乐；与天和者，谓之天乐。”

② 听，表示“听”的行为。闻，表示“听”的结果，听到。

③《墨子·非乐上》：“请将欲求兴天下之利，除天下之害，当在乐之为物，将不可不禁而止也。”

④（春秋战国）韩非：《韩非子》卷第三，四部丛刊景宋钞校本。

不引五色，不淫于声乐，明君贱玩好而去淫丽”[①]。女乐五音有害无益，但若能采用他的法治主张，即使耽于女乐，依旧可以拥有天下。不采纳他的主张，即使洁身勤政，“国犹自亡也”[②]。对劳动者也可施以音乐，那样可使劳动者忘却疲劳，提高劳动效率[③]。韩非用音乐烘托他的治国理念，时刻不忘推行他的政治思想。关于音乐的审美价值，韩非没有兴趣，因此也不涉及。从历史上看，韩非的“法术势”学说，为集权统治的刑罚暴政提供了理论依据。

先秦音乐理论，主要保存在《乐记》《吕氏春秋》《荀子》《管子》中[④]。

先秦时乐器已有多种，“到了周朝，见于记载的乐器，约有近七十种，其中被诗人们所提到，见于后来的《诗经》的，有二十九种”[⑤]。隋唐时，常用乐器50余种。“据统计，世界上古今乐器多达4万余种；欧美近版乐器辞书所收乐器条目均达1万种左右；中国古今记载的乐器名称（其中部分重名）达千余种”[⑥]。

先秦音乐已很繁荣，如何传播？仅靠口耳相传还是依用乐谱？中国古代对音乐的变相存储，唯一的方法是“乐谱”。《礼记·投壶第四十》：

> 鲁鼓：○□○○□□○○。半，○□○○□○○○○□○□○。
>
> 薛鼓：○□○○○○□○□○□○○○□○□○○□○。半，○□○□○○○○□○。

《正义》曰：

> 以鼓节有圆点，有方点，故以为“圆者击鼙，方者击鼓”。若

---

① (春秋战国)韩非:《韩非子》卷第六,四部丛刊景宋钞校本。

②《韩非子·说疑》:“为人主者,诚明于臣之所言,则虽毕弋驰骋,撞钟舞女,国犹且存也。不明臣之所言,虽节俭勤劳,布衣恶食,国犹自亡也。”

③ 详见《韩非子·外储说左上》。

④《乐记》《管子》的作者与成书时间,存有争议。《乐记》是中国第一部系统的音乐理论专著。

⑤ 杨荫浏:《中国古代音乐史稿》,人民音乐出版社2001年版,第41页。

⑥ 中国大百科全书总编辑委员会:《中国大百科全书·音乐、舞蹈》,中国大百科全书出版社2002年版,第834页。

频有圆点，则频击鼙声；每一圆点，则一击鼙声。若频有方点，则频击鼓声也。

这记的是动作，不能算乐谱。南北朝时期，出现了文字谱。梁代丘明所传《碣石调·幽兰》，是现存最早的古琴谱，4954字，记录了音在琴弦上的位置以及徽位、指法。至唐代，出现几种乐谱：1. 曹柔创减字谱。减字谱为古琴谱，取汉字局部成为符号，如“勹、丁、犭、卜”等，用来表示弹琴指法，同时可以表示音高。减字谱对琴曲的记录详尽而又科学，一直沿用到清代。2. 半字谱，即燕乐半字谱，工尺谱的前身。半字谱标明了弦上的指位，唐时较为流行，但读谱法后来失传。3. 工尺谱，又称“俗字谱”，用“工、尺”等汉字记录音高、唱名等，由半字谱发展而来。有人认为减字谱即工尺谱。工尺谱在宋代使用渐多，明清时盛行。4. 律吕字谱与宫商字谱。用十二律吕名称以及“宫、商”等字样记录音高，唐以后人多将其用于雅乐。

工尺谱（或谓即减字谱）是唐以后主要的记谱方式。何昌林在《所谓〈敦煌东汉木简乐谱——五弦琴谱[①]〉破译的真相》中说道：

1984年1月22日的《人民日报》与《光明日报》第一版，公布了“敦煌发现我国最古乐谱”的消息：一枚书写于公元152年（东汉桓帝元嘉二年）的“木简乐谱——五弦琴谱”，已被兰州大学牛龙菲“破译成功”。

这枚所谓“东汉木简乐谱”，其实是：半片残简，一行“破字”。由于原简是从当中裂开，更由于左半片业已丢失，仅剩下右半片，才使得牛龙菲在未经认真考证、并无确凿依据之前，便将这右半片残简，匆忙“破译”成曲，仓促公诸于世……[②]

① 《敦煌研究》1985年第2期刊载牛龙菲文《敦煌东汉元嘉二年五弦琴谱研究》。文章“内容提要”说：“本文认为敦煌文物研究所特藏——周炳南氏1920年发掘于古玉门关城外沙滩中之东汉元嘉二年（公元152年）一组木简中的第八件为古代‘五弦琴谱’，并译成现代乐谱，把我国‘以谱字记其声折’之音位字符谱（即所谓‘俗字谱’）发生年代下限提前至东汉晚期。”

② 何昌林：《所谓〈敦煌东汉木简乐谱——五弦琴谱〉破译的真相》，《中国音乐》1986年第1期。

所谓“东汉元嘉二年五弦琴谱”，学术界未能承认。郑祖襄认为，汉代有一种叫“歌声曲折”的乐谱，属于后世音位谱一类[①]。

先秦究竟有无乐谱？有各种猜测，因无文字及考古材料证明，迄今未能坐实。

秦始皇统一天下，统一度量衡，同时加强了对音乐的管理。秦始皇好“世俗之乐”，侈靡不已，“妇女倡优，数巨万人，钟鼓之乐，流漫无穷”[②]，于是设乐府[③]，专司俗乐的采集、编创、演出以及乐器制作，用来满足需要。汉武帝更好俗乐，进一步扩大了乐府机构。汉高祖刘邦的唐山夫人所作的《房中祠乐》，是见于记载的最早的汉乐府作品[④]。

战国时，诗、乐、礼分离，乐已不必依附于礼，娱乐性纯音乐大量涌现。汉代的音乐，无论与舞、与诗的结合，还是单独演奏，都呈现出蓬勃气象。音乐在服务于仪式的同时，更多地在满足人们的娱乐需要。无论是宫廷还是民间，音乐的教化功能被冷落，娱乐功能则大行其道。民间对音乐的娱乐，战国时就已炽盛，至汉代愈演愈烈。宫廷内，统治者仅在必须时才想到雅乐，绝大多数时间还是心向俗乐，“列坐纵酒，荡乐娱心……于是乃发《激楚》之结风，扬郑、卫之皓乐……杂裾垂髾，目窕心与”[⑤]，音乐享受是统治者不可或缺的生活需求。

汉代音乐多楚声，历久不衰的长袖折腰舞[⑥]，就发源于楚国。折腰舞在整个汉代，深受欢迎。且歌且舞，舞姿舒卷妙曼，音乐婉转悠扬。汉乐府多代赵之讴，秦楚之风[⑦]，感于哀乐，缘事而发，多种民乐风格相互影响，慷慨悲切的楚声与粗犷豪迈的秦音相互为用，不无病呻吟，不矫揉造作，

---

① 郑祖襄：《中国古代音乐史》，高等教育出版社2013年版，第78页。

② （汉）刘向：《说苑》卷二十，四部丛刊景明钞本。

③ 1976年2月，秦始皇陵园发现一枚编钟，上刻秦篆“乐府”二字。2000年四五月间，西安郊区秦遗址发现325枚秦代封泥，与乐府有关的封泥三枚：乐府丞印、左乐丞印、左雍丞印。秦时“太乐”管理雅乐，“乐府”管理俗乐。秦始皇好俗乐的同时，也比较重视用于仪式的雅乐。

④ 参见本书“诗词”汉乐府部分所述。

⑤ （南朝）萧统编，（唐）李善等注：《六臣注文选》卷第三十四，四部丛刊景宋本。

⑥ 风靡两汉的《折腰舞》《七盘舞》，都是长袖舞。《巾舞》，手持长巾起舞，在汉代也很流行。

⑦ 代、赵，今山西、河北一带，代指各地乐歌。“秦声”与“楚声”，是汉代两大声调系统。

有力也有效地激发了人的审美情趣。

汉乐府有一种“相和歌”，一人唱数人和，丝竹器乐伴奏[①]。随着相和歌的发展，形成了“大曲”与“但曲”。大曲结合舞蹈，是舞曲。但曲不结合舞蹈，纯器乐演奏。大曲有着一定的曲式结构（不完全固定）：艳、曲、乱（或称“趋”）。艳为序曲、引子，曲为主体部分，乱（趋）为尾声。南朝时，相和歌与吴声西曲[②]合流，形成清商曲，简称“清乐”。曹魏时，曾设“清商署”。清商乐是六朝主流音乐，唐武则天时衰落。

汉代的音乐大合唱，气势恢宏。司马相如《上林赋》说：“奏陶唐氏之舞，听葛天氏之歌，千人唱，万人和。山陵为之震动，川谷为之荡波。”虽有文学夸张，但规模宏大，确是汉家气象。

先秦时钟、磬的乐器地位，汉代时退让给竽、瑟、筝等。琴在西周时就已流行，但音箱较小，音量不大。因着相和大曲演奏的需要，琴的形制得以改变，扩大了音箱，提高了音量，最重要的是琴在汉代有了徽位[③]，泛音开始得到运用。

佛教音乐在汉代传入中国。佛教音乐先后有着各种叫法——“梵乐”“梵音”“梵曲”“梵呗（bài）”“呗匿”“唱导”“俗讲音乐”“变文赞”“谒佛曲”等。梵乐一般较短，旋律舒缓，给人以静穆平和的感觉。梵乐的中国化，曹植起了决定性作用[④]。梵乐在唐代极为繁盛，宋代之后渐趋衰微。

从司马迁《史记·乐书》[⑤]开始，中国历代正史（二十四史）有了“乐志”（或称“音乐志”“礼乐志”）体例，记述音乐沿革与礼乐制度，在阐发礼乐相须为用的同时，梳理了古代音乐发展脉络，是研究中国传统音乐文化的重要资料。

---

①《宋书·乐志》：“《相和》，汉旧歌也。丝竹更相和，执节者歌。”歌者执板击节，与器乐伴奏相应和。

② 长江下游吴地（今南京苏州一带）歌曲，称为“吴声”；“西曲”指长江中游一带楚国之声。

③ 郑祖襄《“徽”字与徽位——兼考古琴徽位产生的历史年代》（《中央音乐学院学报》1986年第4期）认为：“琴徽产生的年代是在应劭的晚年和嵇康的幼年之间。嵇康时代也是古琴刚刚开始运用琴徽的年代。”

④ 参见本书“诗词”中所述。

⑤ 现存《史记·乐书》，一般认为系西汉褚少孙补入。

魏晋六朝清乐盛行。三国时嵇康基于对音乐的美感认识，写出《声无哀乐论》，认为声音本身并不具有哀乐属性，哀乐只是人的情感形式。嵇康混淆了物理声音与人为音乐创作的区别，在暗设的对方提问的漏洞中申辩自己的观点。《声无哀乐论》涉及不少哲学、心理学方面的问题，它探讨了作为音乐元素的“声”与艺术表现的“乐”的关系，表达了作者对音乐本体的哲学思考，是中国文化史上著名的音乐美学专论。

隋唐时，宫廷燕乐昌盛，音乐进入新的时代。“燕乐”即“宴乐”，宴飨之乐，宫廷游燕娱乐的俗乐总称。隋文帝设燕乐七部伎。部，演出单位，乐队。伎，乐。七部伎，即七部乐：

国伎　西凉乐。西域[1]龟兹乐与清乐的融合。
清商伎　清乐。
高丽伎　朝鲜、韩国音乐。
天竺伎　印度音乐。
安国伎　今乌兹别克布哈拉一带的音乐。
龟兹伎　西域音乐。
文康伎　仪式结束时的一种面具舞乐。

隋炀帝时，改设九部伎：

清乐伎　即清商伎。
西凉伎　酒泉、敦煌、武威一带音乐。
龟兹伎
天竺伎
康国伎　今中亚乌兹别克一带音乐。
疏勒伎　今新疆喀什噶尔一带音乐。
安国伎
高丽伎

① 西凉：今甘肃西部酒泉、敦煌以及新疆部分地区。隋唐西域：今新疆以及中亚部分地区。

礼毕伎　即文康伎。

至唐太宗，改为十部伎。废“礼毕伎”，设“高昌伎”（今新疆吐鲁番一带音乐），又增设“燕乐伎”。从演奏方式上，多部伎又分两大乐部：坐部伎、立部伎。堂上坐着演奏为坐部，堂下站着演奏为立部。坐部的演艺高于立部。

唐代国力强大，歌舞兴盛。大场面的演出，音乐、舞蹈、诗歌多元组合，大结构的大曲，适应了这一需求。

唐大曲可分为三类[①]：

清乐大曲　源自南朝清商乐。

法曲大曲　来自南朝佛教“法乐”。

胡乐大曲　来自西域的外族音乐。

歌舞大曲《霓裳羽衣曲》，代表了法曲艺术的最高成就。该曲描绘唐玄宗在月宫遇到仙女，音声飘逸，情调浪漫，颇得文人喜爱。“千歌万舞不可数，就中最爱霓裳舞”（白居易《霓裳羽衣舞歌》）。安史之乱后，唐大曲渐趋衰落。

唐玄宗时，一度禁止民间用乐。安史之乱后，民乐即又兴起。

唐代民间音乐主要有：

1. 小曲　又称“曲子”，代表作品有《阳关三叠》（又名《阳关曲》《渭城曲》）等。

2. 变文　说唱艺术。佛教寺院的俗讲音乐流向民间，逐渐兴起，如《孟姜女变文》《王昭君变文》等，说白与歌唱相间。

3. 散乐　歌舞杂戏中的音乐，如《踏谣娘》等。

太常寺是唐代中央音乐机构，下辖太乐署（管理雅乐）、鼓吹署（管理礼乐）、教坊（内教坊，管理俗乐）、梨园（教习法曲俗乐及演出），另有外

① 郑祖襄：《中国古代音乐史》，高等教育出版社2013年版，第105页。

教坊（在宫廷外，不属于太常寺，朝廷另派官员）。

燕乐在唐代传入日本，本地化后成为日本“雅乐”。歌舞大曲《秦王破阵乐》流传到印度。

宋代音乐雅俗共存。宫廷音乐用雅，民间音乐用俗；文人用雅，市井用俗。民乐传入宫廷，虽丰富了宫廷娱乐，但总体上是遭排斥的。宫廷音乐流入民间，对民间音乐创作及市民的审美情趣产生了影响。

宋代宫廷音乐机构基本承袭唐制，但规模要小不少：

太常寺　下辖“大乐署”“鼓吹署”。“大乐署”又名“太乐署”“大乐局”“太乐局”，管理礼乐。“鼓吹署”又名“鼓吹局”“鼓吹院”，使用鼓吹乐器，多用俗乐。

教坊　辖四部乐——法曲部、龟兹部、鼓笛部、云韶部，负责燕乐。南宋废教坊，代之以“教乐所”。

大晟府　负责乐律。宋徽宗宣和二年裁撤。

钧容直　省称“钧容”，军乐队。钧容直乃宋代禁军番号。直，值勤，侍卫曰“直”。

东西班　类似钧容直，禁军乐队。

宋代宫廷音乐并未成为社会音乐主流。由于市民阶层的壮大与活跃，兼之词调音乐的蓬勃（教坊演出对宋词有着重要影响），旺盛的娱乐需求以及演出的劳务化、音乐的商品化，俗乐呈现昌盛局面。

由于音乐与词的结合，词调音乐成为一种音乐体裁、一种词体歌曲。词调音乐的曲调来源：1.摘取唐大曲、法曲中某一段；2.教坊乐曲；3.传统或当代流行的民歌、小曲；4.文人自度曲。教坊乐曲对词调音乐影响最大，不少词牌因教坊乐曲而来。词调体裁“令、引、近、慢”，参见本书“诗词”中宋词部分所述。词调音乐常以“小唱”形式演出，一种浅斟低唱的形式，以女性演唱为本色。另有“合唱”（又名“群唱”“群讴”“齐唱”）及歌舞演唱等形式。

宋代城市中自由贸易市场叫作“瓦市”（又作“瓦肆”“瓦子”“瓦舍”），在那里找块空地，搭起棚子，作为表演场地，称为“看棚”（又称“游棚”“邀棚”“乐棚”）。“看棚”用“勾栏”（即栏杆）围起。据宋代孟元老《东京梦华录》卷二记载，京都汴梁（今开封）“大小勾栏五十余座”，有几个较大的看棚，均“可容数千人”。勾栏内每天有着各式艺术活动，歌舞、说唱、散乐（乐舞百戏）、猜谜……随着坊市夜禁的撤销，勾栏内各色人物都有，热闹非凡，风雨无阻。演出前不售票，邀人去看，故曰“邀棚”。演到精妙处，突然打住，请观众赞助，捧个钱场，然后继续。就音乐形式而言，主要有：

嘌唱　嘌（piào），念唱（或以为“嘌唱”即“妓唱”[1]）。音调曲折柔曼，古雅为正的文人视之为淫靡之音。

唱赚[2]　演唱“赚曲”。“赚”是一种特殊曲式，被人称为“不是路”。唱赚散板、定板交错应用，兼具诸家腔调。

鼓子词　散、韵结合，散文部分说，韵文部分唱。用同一曲调反复演唱，以鼓合之，故名。

诸宫调　诸种不同宫调的乐曲组成的大型说唱形式，又称“诸般宫调”。使用弦乐器伴奏，故又名“搊（chōu，弹拨）弹词”或“弦索”。宋代已开始用诸宫调来演唱杂剧，相传南宋民间艺人张五牛作《双渐苏卿诸宫调》，已佚。

杂剧　在唐代参军戏基础上形成的说唱艺术，内容较杂，有歌舞、说唱、杂技、打诨。音乐上多用诸宫调、宋大曲（摘遍，从大曲中截取某些片段）、民间小曲以及词调音乐。

叫声　货郎小贩的叫卖声，采合宫调后形成的一种歌唱形式，

---

① 清人戴坤《喟庵丛录》(见清人虫天子所辑《香艳丛书》)“嘌说”条:“程大昌《演繁露》云:‘今世歌曲,比古郑卫泛滥者,名曰嘌唱。’……挟妓曰嘌,起于宋。谓之嘌者,以妓乐籍。嘌俗写作嫖。”按:虫天子真名王文濡。

② “赚”为单曲形式,南宋时出现。唱赚多为套曲,兼具“诸家腔谱”,难度最大,是宋代歌曲的最高艺术形式。

也称“吟叫”“歌叫”，后形成曲调“货郎儿”“货郎太平歌”“转调货郎儿”。

除勾栏外，茶肆酒楼、露天空场、游船画舫、各色妓馆，都是娱乐或卖唱的场所。

元代音乐主要有戏剧音乐、散曲音乐。关于元杂剧与散曲，参见本书“诗词”中元曲部分所述。

明清时期，民歌小曲、戏曲音乐都很发达。在徽剧、汉剧、昆曲基础上形成的清代京剧，流传至今。

欧洲第一部专述中国的书——葡萄牙修士加斯帕·达·克路士的《中国志》，1569年正式出版。克路士记叙了他所看到的当时中国人的音乐活动：

> 他们用来演奏的乐器，是一种像我们有的中提琴，尽管制作不那么好，有调音的针。另一种像吉他，但要小些，再一种像低音提琴，但较少。他们也用洋琴和三弦琴，有一种风笛，和我们用的相仿。他们用的一种竖琴，有很多丝弦。他们用指甲弹，因此把指甲留长。他们弹出很大的声音，十分和谐。有时他们合奏很多种乐器，四声同奏发出共鸣。①

意大利传教士利玛窦认为，当时的中国音乐是难以接受的：

> 乐器很普遍，种类很多，但他们不知道使用风琴与翼琴（clavichord），中国人没有键盘式的乐器。在他们所有的弦乐器上，琴弦都是用棉线捻成的，他们似乎根本不知道可以用动物的肠子做琴弦这一事实。他们用乐器在音乐会上演奏与我们的做法非常一致。中国音乐的全部艺术似乎只在于产生一种单调的节拍，因为他们一点不懂把不同的音符组合起来可以产生变奏与和声。然而

① [葡]伯来拉等著，何高济译：《南明行纪》，中国工人出版社1999年版，第166页。

> 他们自己非常夸耀他们的音乐，但对于外国人来说，它却只是嘈杂刺耳而已。虽然事实上他们自称在和谐的演奏音乐领域中首屈一指，但他们表示很欣赏风琴的音乐以及他们迄今所听到过的我们所有的乐器。也许他们听到我们的声乐和管弦乐曲后，他们也会以同样态度加以评价。截至目前为止，他们在我们的教堂里还没有过这种机会，因为我们在这里的简朴的开端还没达到那样发展的阶段。①

利玛窦精通音乐。由于文化背景、审美观念以及音乐习惯的不同，利玛窦对中国音乐的褒贬，是可以理解的。

1779年，法国神父钱德明（P.Amiot）的《中国古今音乐考》出版。书中说，他为中国文士演奏欧洲名曲：

> 中国人无动于衷！我只看到了他们那冷若冰霜和漫不经心的面部表情。这说明我根本没能让他们受到什么感动。一天，我问他们是如何研究我们的音乐的，并恳求他们推心置腹地告诉我他们对我们的音乐的看法。他们以尽可能彬彬有礼的态度回答我说："你们的音乐不适于我们的耳朵，我们的音乐也不适于你们的耳朵。你们不能像感觉你们最美丽的作品那样感觉我们认为最美丽的作品。"这并不值得大惊小怪。我们的音乐，一位"博士"先生补充说——他是被人们称作"翰林"的众多先生中的一位，他曾为皇帝陛下服务过；我们的音乐是从耳朵一直流淌到心里，又从心里流淌到灵魂里去的。我们感觉它、理解它、您刚才为我们演奏的音乐却不能对我们产生这种影响。我们的古代音乐则又是另外一回事了。它能使我们如醉如痴、欣然若狂，我们所有的书籍都采用最为富丽堂皇的词藻来颂扬它；但这些书籍同时又使我们认识到，我们祖先采用了最精妙的手法创作了如此宏伟壮观的音

① [意]利玛窦、金尼阁著，何高济、王遵仲、李申译：《利玛窦中国札记》，中华书局1983年版，第23页。

乐作品，而我们却没有将这些手法继承下来。[1]

书的最后，钱德明总结道：

1. 中国人比其他任何民族都更早地拥有一个不断向前发展的音乐艺术体系，体系内各部分之间连结得十分紧密，整个体系是建立在包括“三倍数”[2]在内的各种关系的总和的基础上的。

2. 中国人同时又是这一体系的创始人。正像我所论述的那样，根据他们最古老的书籍来判断，这一体系要先于我们迄今为止所了解认识到的任何其他体系。而我还要补充说，关于其他体[3]的创始人，我们仅仅是在猜想，或者说是“较有力的推断”。

3. 这一体系还包含了一切古希腊人和古埃及人著作中所阐述的内容，是一个最古老的艺术体系，古希腊人和古埃及人后来正是从中国人有关音乐的论述中吸取了养料——但他们偏要夸耀说一切功劳归属于他们自己，他们说一切都是由他们创造出来的。

4. 大名鼎鼎的毕达哥拉斯似乎乘船去过一些民族进行调查研究，不用说，他首先到过印度——接着就可能顺便到了中国。中国学者或许向他夸耀过这一国家灿烂的科学文化和艺术作品。并且决没有忘记向他介绍他们视为一切科学之精髓的伟大的音乐艺术。毕达哥拉斯巡回希腊之后，对于他所获得的有关中国音乐知识进行深入钻研思考，并按照他的风格奠定了他们的体系——毕达哥拉斯体系。

5. 乍一看，埃及人仿佛也找到了音乐与其他一些事物之间的一些联系，就这一点来讲，似乎与中国人的发明创造有相近之处。其实二者有着本质的区别。因为这两个国家的音乐体系基础是根本不同的。我请求大家细阅读一下纪考的第二部分——有关乐律

① [法]P.Amiot《中国古今音乐考》，叶灯译，《南京艺术学院学报》（音乐及表演版）1996年第4期。
② 钱德明认为中国音乐音程间存在着三倍数的关系。
③ 疑原文漏掉“系”字。

的章节。

6.有人可能会说，将一切都归功于中国人，总认为是他们之中的某些发明家发明了“三倍数字”原理，而且应用于声音科学——这实在是太不公平了，是偏见……

我想，持这种观点的人要比鲁西尔先生在《古代音乐》一书中所谈到的那些可笑的人更为荒唐——我们只能这样回敬这些出言不逊的法国作家。

倘若读者感觉到这些“结论”读起来有些费劲，那么肯定是没有把握住我这部分的“来龙去脉”，而仅将它作为一份“手稿”来看待。但我的确诚心诚意地在这部纪考中向大家展现出了这个世界刚刚形成时中国这一伟大民族的古代风貌！①

19世纪时，比利时阿里嗣（J.A.van Aalst）、英国李提摩太夫人（Mrs Timothy Richard）、德国花之安（Ernst Faber）等人，均撰有中国音乐专著，对中国音乐的看法，不尽相同。

① [法]P.Amiot:《中国古今音乐考(续完)》,叶灯译,《南京艺术学院学报》(音乐及表演版)1997年第3期。

绘　画

明朝万历年间，意大利传教士利玛窦来到中国南京。书法家顾起元看到利玛窦带来的天主母像：

> 利玛窦，西洋欧逻巴国人也。面皙，虬须，深目，而睛黄如猫，通中国语。来南京，居正阳门西营中。自言其国以崇奉天主为道。天主者，制匠天地万物者也。所画天主，乃一小儿，一妇人抱之，曰“天母”。画以铜板为帧，而涂五采于上，其貌如生，身与臂手俨然隐起帧上，脸之凹处，正视与生人不殊。人问画何以致此，答曰：“中国画但画阳，不画阴，故看之人面躯正平，无凹凸相。吾国画兼阴与阳写之，故面有高下，而手臂皆轮圆耳。凡人之面，正迎阳，则皆明而白，若侧立，则向明一边者白，其不向明一边者，眼耳鼻口凹处皆有暗相。吾国之写像者解此法用之，故能使画像与生人亡异也。”①

这是“中国画”词语的最早书面记载，也是“中国画”概念的首次提出。

明崇祯八年（1635）刊行的《帝京景物略》卷四“天主堂”：

> 堂在宣武门内东城隅，大西洋奉耶稣教者利玛窦，自欧罗巴国航海九万里入中国，神宗命给廪，赐第此邸。邸左建天主堂，堂制狭长，上如覆幔，傍绮疏，藻绘诡异，其国藻也。供耶稣像其上，画像也，望之如塑，貌三十许人。左手把浑天图，右叉指

① (明)顾起元撰，吴福林点校：《客座赘语》，南京出版社2009年版，第167页。

若方论说次，指所说者。须眉竖者如怒，扬者如喜，耳隆其轮，鼻隆其准，目容有瞩，口容有声，中国画绘事所不及。①

1599年2月，利玛窦居住于南京，结交名士，后在南京建立天主教堂。1601年，利玛窦定居北京。顾起元所录利玛窦“中国画”语，当在1599—1601年间。《帝京景物略》刊行于1635年，相隔30多年，“中国画”概念被使用，说明“中国画”这一称谓已被文人接受。

利玛窦不擅长绘画，但对中国画却有着一些看法：

他们对油画艺术以及在画上利用透视的原理一无所知，结果他们的作品更象是死的，而不象是活的。看起来他们在制造塑像方面也并不很成功，他们塑像仅仅遵循由眼睛所确定的对称规则。这当然常常造成错觉，使他们比例较大的作品出现显明的缺点。②

利玛窦对中国画的批评，不是没有道理的。

利玛窦批评的对象，是中国的人物画。明代的工笔人物画，面相失真，人物肖像给人以“不象”的感觉。

“中国画”这个概念比较笼统，哪些画种属于中国画？怎样才算中国画？哪些元素代表了中国特色？理论界对此多有争辩。习惯上，人们将水墨画称为国画，国画即中国画。需要明确的是，中国画并不仅含水墨画一种，它还包括丹青绘画（即赋彩画、彩墨画）。

《中国美术百科全书》释“中国画”：

中国的传统绘画原本称为画、绘、丹青，明清之际西洋画传入中国之后，渐有中画、中国画、国画、国粹画之说……1957年5月14日，周恩来在北京中国画院成立大会上讲话，认为“‘国画’的说法有些不合适，好像形成‘只此一家，别无分号’，……‘国

① (明)刘侗、于奕正:《帝京景物略》,古典文学出版社1957年版,第60页。

② [意]利玛窦、金尼阁著,何高济、王遵仲、李申译:《利玛窦中国札记》,中华书局1983年版,第22—23页。

画'的叫法，仅代表它是中国画……我提出'北京国画院'应该叫'北京中国画院'"。自此以后，"中国画"之名被美术界普遍接受。

广义的中国画泛指源自中国的卷轴画和其他各类绘画及古代版画等，因20世纪以来，壁画、年画、版画、漫画、漆画等已相对成为独立画种，中国画这一概念在应用中已不同于"中国绘画"，而单指古代卷轴画和当今以中国笔墨、色彩，绘于纸、绢等材料，并能体现中国画的审美特征和技法规律的绘画。中国古代即有水墨画之说，20世纪的美术家考虑到中国画与以材质命名的油画、水彩画的不对应性，时常将中国画称为水墨画、彩墨画，但也隐见欲疏离传统中国画的艺术倾向。目前，中国画仍然是普遍认可的名称，在习惯中简称国画。[①]

古代中国画称作"丹青"。《现代汉语大词典》对"丹青"的解释："红色和青色。系中国古代绘画中常用之色。因借指绘画，作画。"[②]可知绘画施色，称作"丹青"。水墨画是从"丹青"中分离出的一个画种。《现代汉语大词典》释"水墨画"："纯用水墨不施彩色的国画。"[③]《大辞海·美术卷》释"水墨画"：

中国画中纯用水墨的画种。相传始于唐，成于宋，盛于元，明、清以来继续有所发展。以笔法为主导，充分发挥墨法的功能，取得"水晕墨章""如兼五彩"的艺术效果。在中国画史上占重要地位。近代以来泛指工笔重彩画之外的中国画，无论水墨还是设色，淡彩还是重彩，凡注重笔墨者，皆称水墨画。[④]

传统水墨画不设色，以毛笔为绘画工具，水、墨为绘画材料，纸、绢

---

① 邵大箴主编:《中国美术百科全书》(IV),人民美术出版社2009年版,第2045—2046页。
② 阮智富、郭忠新:《现代汉语大词典》(上),上海辞书出版社2009年版,第145页。
③ 阮智富、郭忠新:《现代汉语大词典》(上),上海辞书出版社2009年版,第1417页。
④ 夏征农、陈至立主编:《大辞海·美术卷》,上海辞书出版社2012年版,第29页。

为图画载体。水、墨是中国画独特的绘画材料。墨的浓淡，可以表现色的层次、空间距离以及光影明暗，成像效果别具韵味，人称“墨韵”。唐张彦远《历代名画记》“论画体”：“运墨而五色具，谓之得意。”墨分五色，经过水的调节，墨有了不同的浓度，称为墨色。墨色的深浅浓淡，可以表现色的多种层次，前人多以“焦（半干）、浓（深黑）、重（墨色浅于深黑）、淡（淡黑）、清（墨色清微）”为五色，今人或谓“五”乃虚数，“五色”指多种颜色。墨的干、湿、浓、淡，可有多种变化，用以表现物象，奇妙至极。

“国画”概念的形成，至迟在清代。清王夫之《读通鉴论》卷二十四：“国画之山川，管窥之玄象。”南朝阮孝绪《七录序》：“窃以国画之篇，宜从所图为部，故随其名题，各附本录。”清陈端生《再生缘》第六十四回：“斜抱笏，半低冠，国画高呈欲退还。”“国”是地理概念，其他国家的画称为某某国画。明人唐寅《六如居士画谱》卷二“十二忌（饶自然）”：“日本国画常犯此病，前人已曾议之，不可不谨。”清代时，本国水墨画直呼“国画”。

1973年出土的战国晚期楚墓中的《人物御龙帛画》，单线勾勒，墨色渲染，同时施以粉彩（古代施粉即施色，粉即是色），可知水墨运用已现端倪。

水墨运用虽然较早，但未从丹青绘画中独立出来。真正的水墨画，一直到唐代才产生。至于唐以前的两晋时期究竟有无水墨画，因无可靠实物以及史料证明，难以断决。

从绘画的表现形式上看，中国画可分为工笔画与写意画。

工笔　又称“细笔”，用笔工整精细，多用来写实。工笔中又分白描（古代又称“白画”“粉本”）、淡彩、重彩等。白描相当于西方画的素描，淡彩、重彩就画面施色的浓淡而言，是工笔画的主要形式。

写意[①] 又称“粗笔”，重在意态神韵而不拘外形。写意又有“大写意”“小写意”之别。夸张与变形，是写意画的基本手法。大写意有点像今天的漫画。

中国画“在近现代归为人物、山水、花鸟三大类”[②]，人教版高中历史教材中说：

> 中国画又称国画，注重写意传神，追求“得意忘形”。秦汉以后的历代画家们，用笔、墨和矿物颜料，在纸、绢等材料上创作出大量不同风格、不同类型的人物画、山水画和花鸟画。[③]

中国画有“画分三科”的说法，即从绘画题材上，将中国画分为三类：山水、人物、花鸟。凡各类景观归属“山水”，动植物归属“花鸟”。若把三科比作三条水流，则“山水”一脉最为壮阔。

山水　最早的山水画，是东晋顾恺之的《雪霁望五老峰图》，可看作山水画科的雏形。魏晋六朝的山水画，还不成熟，山水不是画中主体，而是作为人物活动的背景，处于“陪衬”地位。这一时期的山水画大多有着“水不容泛，人大于山”的弊端。唐张彦远《历代名画记》卷一“论画山水树石”中说：

> 魏晋以降，名迹在人间者，皆见之矣。其画山水，则群峰之势，若细饰犀栉，或水不容泛，或人大于山。

翻译成现代汉语：

> 自魏晋以来的、现存于人世间的优秀绘画作品，自以为全部

① 关于绘画“写意”词语的出现，林木《写意画溯源》（《中国书画》2005年第7期）中说：“‘写意’一辞在中国古代画史上于文人画大盛之元代正式登台亮相。元人夏文彦在其于元至正乙巳（公元1365年）秋七月甲子所著《图绘宝鉴》中，在其所载宋僧仲仁条，有‘以墨晕作梅，如花影然别成一家，所谓写意者也’。”

② 邵大箴主编：《中国美术百科全书》（Ⅳ），人民美术出版社2009年版，第2046页。

③《普通高中课程标准实验教科书 历史3必修》，人民教育出版社2007年版，第47页。

> 都看过了。从结果来看，这些古画在画山水时，群峰之势，尤如用青贝精细加工成的头簪、用犀角做成的梳子那样，有时水域（湖沼和河川）甚小而不能泛舟，有时人物大于山峰。[①]

隋唐以后，画家开始专注山水，山水成为画中主体，比例失调的问题也得以解决，山水画步入成熟期。隋展子虔的《游春图》，是我国现存最早的卷轴青绿山水画，比例得当。施色以青绿为基调，补色和谐。《游春图》虽然画法古拙，但它承上启下，使山水画走向成熟，宣示了山水画科的独立[②]。展子虔的画对唐代影响很大，世人称展子虔为“唐画之祖”。

展子虔之后，唐代山水画名家辈出。吴道子画山水，变春蚕吐丝（又称高古游丝）为粗放勾勒，且不着墨色，山水画至此一变。宋代苏轼称吴道子为“画圣”，苏轼《跋吴道子地狱变相》：“道子，画圣也。出新意于法度之内，寄妙理于豪放之外，盖所谓游刃余地，运斤成风者耶。”元人汤垕称吴道子为“百代画圣”，汤垕《画鉴·唐画》：“吴道子笔法超妙，为百代画圣。”

唐人又有李思训、李昭道父子，人称“大小李将军”。李思训略早于吴道子，是中国画史上第一个以山水为主的画家。“二李”之后，随着水墨山水画的出现与发展，经王维、张璪、王墨（又称王洽）等人的努力，山水技法完全成熟，日臻精湛。至宋代，山水画兴旺发达。

青绿山水，即青山绿水。唐以前施色用矿物质颜料石青、石绿做主色，补以其他颜色。唐以后使用植物颜料。鸦片战争后，开始使用化学颜料。青绿山水画一般都是工笔重彩。初唐以前，以绢帛为图画载体。盛唐时期，随着制墨工艺的发展以及宣纸的使用，水墨山水画兴起，博得文人与画师的喜爱。

李思训山水在“工”，吴道子山水在“意”。盛唐王维，取二者之长，

---

① [日]冈村繁译注，俞慰刚译：《历代名画记译注》，上海古籍出版社2002年版，第64—65页。

② 陈传席《中国山水画史》（天津人民美术出版社2001年版，第15页）：（山水画至南朝画家王微时）“已经完全独立成科”。

加以改造，物象边缘用笔点簇，再加破墨[①]渲淡（即渲染），形成另一种风格。王维信佛，山水诗又脍炙人口，水墨山水画自然别有情趣。他的水墨山水画在当时已有口碑，至宋代备受推崇。王维水墨山水画的意义，在于一个新画种的成立，为文人士大夫寄情山水指示了新的方向。

王维还首创“文人画”[②]，即兴挥毫，以形写神，借物抒情，更好地展现士大夫的审美情趣。“诗不能尽，溢而为书，变而为画”（苏轼《文与可画墨竹屏风赞》）。苏轼认为，“诗画本一律”（《书鄢陵王主簿所画折枝二首》其一），他高度评价王维的画，“画中有诗”（《书摩诘〈蓝田烟雨图〉》）。

五代时，山水画出现了“皴染兼备”的笔墨形态。皴，裂纹。皴法，《辞源》解释：“国画的一种绘法。先钩成山石树木轮廓，用侧笔蘸水墨染擦，以显脉络纹理及凹凸向背。”[③]五代荆浩《匡庐图》始用皴法，相传为荆浩所作的《山水节要》，提到“远山无皴，远水无痕”。荆浩之前，唐朝已有“皴”的使用，但成为“法”，在荆浩时实现。至五代董源，出现新的皴法。宋代，皴法定型，且多样化。皴法运用如何，成为水墨山水的品相标志。

中国的山水画与西方的风景画有着很大的不同。西方风景画重在写形，追求的是自然再现，以形象逼真为其效果。中国山水画重在写意，追求的是意境表现，以气韵生动为其效果。中国山水画“意”的审美体验，用两个字可以概括：静、远。山水宜静，是中国文人的传统审美心态。在传世山水画中，看不到雷霆万钧之势，有的只是山川的宁静。静，是一种超脱，一种境界，清代方薰称之为“静境”（《山静居画论》卷上）。王维诗“空山新雨后”（《山居秋暝》），表现的就是雨后山中的“静境”。扬雄《法言》说：“万物无足以挠心，故静也。”山水画的“静境”，是高层次人生境界的体现。层峦叠嶂烟云缭绕，河川浩渺源远流长，弃尘世之嘈杂，无凡

① 用墨技法。墨着于纸上，趁其未干时，淡化浓墨，叫以淡破浓；加深墨色，叫以浓破淡。

② “文人画”又称“士人画”“士夫画”。

③《辞源》（修订本），商务印书馆1980年版，第2184页。

俗之纷扰。静穆山水，无声地净化着人的心灵。山水画还有一大特色：远。中国画论在宋朝时就有“六远”[①]说法：高远、深远、平远、阔远、迷远、幽远。广阔而深邃的山水，展现在咫尺之间，有限的空间表现出无限的延伸。“诗是无形画，画是有形诗”[②]，空濛山水所蕴含的诗意，促人思索、感悟。中国的历代文人，似乎早已凝固了山水情结，目穷千里，寄情山水，体验生命与自然的融合，深切地感觉自己是大自然中的一个存在。面对无尽的山脉与旷远的宇宙，一种超凡脱俗的境界追求，悄然升起。山水画必然会赢得文人的喜爱。

山水画在宋元时期达到顶峰。明清以后，受油画影响，水墨山水画复分两脉：一脉纯水墨，一脉为彩墨。彩墨画以水墨为底，尔后敷色。“彩墨画”术语的使用，是20世纪50年代才发生的。

（明）沈周《东庄图案》（局部）[③]

花鸟　南北朝时，花鸟画科已露雏形。唐代，花鸟画科独立。

魏晋之前，花鸟存在于器物的装饰图案以及人物画的背景中。唐代张彦远《历代名画记·叙自古画人姓名》“刘胤祖”条载南齐谢赫评语：“蝉雀特尽微妙，笔迹超越，爽俊不凡。”刘胤祖，东晋至南朝刘宋时期人，擅

① 夏征农、陈至立主编《大辞海·美术卷》(上海辞书出版社2012年版，第34页)．“三远　中国山水画的三种布景法。北宋郭思《林泉高致》载其父郭熙之说：‘山有三远：自山下而仰山巅，谓之高远；自山前而窥山后，谓之深远；自近山而望远山，谓之平远。’北宋韩拙《山水纯全集》又增三远：‘近岸广水，旷阔遥山者，谓之阔远；烟雾溟漠，野水隔而仿佛不见者，谓之迷远；景物至绝，而微茫缥缈者，谓之幽远。’后人合称为‘六远’。”

②（宋）郭思编，杨伯编著：《林泉高致》，中华书局2010年版，第81页。

③ 徐湖平主编：《古代绘画选》，文物出版社2006年版，第34页。

长在扇面上画蝉雀。由于谢赫的评价，花鸟画探源，一般都追溯到刘胤祖，认为他是见于文字记载的花鸟画第一人。

花鸟不仅要画得有生气、灵气，更要寄托画家的人格理想与品质追求，反映画家的美学标准及思想愿望。人们很早就认识到松、竹、梅、菊有着令人欣赏的品格，宋代时，松、竹、梅被看作“岁寒三友”。到了明代，人们又将梅、竹、兰、菊称为“四君子”。松、竹、梅、兰、菊成为花鸟画的经典题材，与中国文人的托物言志紧紧联系在一起。

南朝宋刘义庆《世说新语·任诞》讲述了东晋名士王子猷的一个故事。王子猷曾寄宿于他人空宅，要求那家主人立即栽种竹子。主人说：“你只是暂时居住，怎么如此麻烦！”王子猷吹着口哨，唱念着什么，过了好一阵，才指着竹子说道：“何可一日无此君。”宋代苏轼写诗《于潜僧绿筠轩》：“宁可食无肉，不可居无竹。无肉令人瘦，无竹令人俗。人瘦尚可肥，士俗不可医。”[①]竹子承载了人的精神寄托，中国古代画家又十分看重“诗情画意”，因此，画竹不是对象的简单描摹，而是画家的情感抒发，是诗情的形象表现。

三国时，画家在扇面上作画，并在画面题诗，这是题画诗[②]的缘起。至唐代，题画诗盛行。诗与画相得益彰，将画之意境推升到一个很高的层次。

唐代著名画家萧悦，是白居易的好友。萧悦专好水墨画竹，为时人所重，他的作品，一画难求。白居易赞萧悦的墨竹：“举头忽看不似画，低耳静听疑有声。”（《画竹歌》）画得太逼真，看到的不是画，像是真的实物。低耳静听，似乎可以听到风吹竹叶的飒飒声响。墨竹竟能使人产生错觉，足见技法高超，出神入化。

北宋僧人惠崇，工于绘景。苏轼为惠崇《春江晓景》[③]图题诗二首（题于画上，原画已佚），其一云：“竹外桃花三两枝，春江水暖鸭先知。”江南早春景象，令人陶醉。诗画结合形神兼备的境界，成为后世画家的追求目标。

① 东坡此诗，犹如顺口溜。

② 三国魏曹羲的《水墨竹树石》是最早的题画诗。

③ 或作《春江晚景》。钱立静《未传佳画 绝妙好辞——〈惠崇春江晓景〉新解》（《飞天》2009年第12期）认为地点在今安徽芜湖。

清代画家郑板桥，有诗书画三绝之誉[1]。郑板桥一生画竹，54岁那年，他在山东潍县任知县，送给他的上司一幅墨竹图，并在画上题诗："衙斋卧听萧萧竹，疑是民间疾苦声。些小吾曹州县吏，一枝一叶总关情。"（《潍县署中画竹呈年伯包大中丞括》，又名《墨竹图题诗》）郑板桥说他在衙门休息时，听到竹叶萧萧作响，仿佛是百姓在悲苦叹息，自己虽是一个小小官吏，但那竹子（喻百姓）的一枝一叶，却总牵动着自己的情怀。寥寥数语，表达了作者心系民生疾苦的为官责任感以及对百姓生存状况的深切同情。

以画抒情，是中国画家的优良传统。南宋马远《岁寒三友图》，松、竹、梅皆铁骨铮铮，傲岸不屈。元代王冕一生写梅，《墨梅图》疏影横斜，清香自我，"不要人夸好颜色，只留清气满乾坤"（王冕题画诗）。元代郑思肖画墨兰，露根茎而不着土，人称"露根兰"，以示大宋国土被元人掠夺。魏晋之后，"自有渊明方有菊"（辛弃疾《浣溪沙》）。清代石涛《水墨竹菊图》，以菊之清雅高洁来寄托理想的人格。宋代名儒周敦颐，与友人相聚，挥毫写就《爱莲说》，引发后世画家为之神往。南宋吴炳《出水芙蓉图》（团扇画），荷花一朵，莲梗三支，出淤泥而不染。万芳争艳，花魁牡丹。"绝代只西子，众芳惟牡丹"（白居易《牡丹》）。"唯有牡丹真国色，花开时节动京城"（刘禹锡《赏牡丹》）。清人马逸工笔《国色天香图》，寓祈福心愿于牡丹之雍容华贵，体现了画家的审美追求。

宋代李公麟画走兽，画什么活什么。他画虎不画尾，以防画好后猛虎越出画面伤人。明代朱耷（八大山人）画鱼，总是白眼向人，一副不屑世俗的样子。宋徽宗赵佶，是位艺术天才，但治国无能，"徽宗诸事皆能，独不能为君耳"[2]。他曾借《芙蓉锦鸡图》，警告群臣勿忘五德[3]。清乾隆帝也

① 李啸村（郑板桥友）送郑板桥对联："三绝诗书画，一官归去来"。事详清代梁章钜《楹联丛话》卷十二《杂缀》。

② 清代王士祯《池北偶谈》卷九《谈献五》"仁宗徽宗条"："元臣库库曰：'宋徽宗诸事皆能，独不能为君耳。'"

③ 鸡有五德。西汉韩婴《韩诗外传》卷二第二十三章："君独不见夫鸡乎？头戴冠者，文也；足傅距者，武也；敌在前敢斗者，勇也；见食相呼者，仁也；守夜不失时者，信也。鸡虽有此五德，君犹日沦而食之者，何也？"

曾借《鸡雏待饲图》，提醒大臣要体恤民情。在表现良好愿望方面，画家喜欢以燕子、鸳鸯为题材。燕子双飞，婚姻美满；鸳鸯戏水，爱情和美。美学化的鸟兽，体现了中国文化的理念，成为人们传情达意的审美对象。

人物　人物画的历史，最为悠久。早在战国时期，已有专门的画家，人物画已经存在。童书业认为，"至迟，人物画在战国时已开始发达了"①。汉代，绘画进入正式发展的时期，较正式的人物画也已开始发展，东汉时已有类似卷轴的图画。绘画艺术，在汉代宣告独立。南宋梁楷之后，写意人物画开始风行。

人物画讲求"以形写神""形神兼备"。这个"神"，指神态、神情、气质等。工笔人物画是写实的，它应当尽可能真实地表现人物形象，应当"形神兼备"。写意人物画重在写意，夸张地表现人物形象的特征，"形"处于似与不似之间，"形"的畸变反倒成为一种意趣。文人即兴挥毫，水墨写意，被称为"墨戏"。

唐吴道子工笔敦煌莫高窟第103窟维摩诘经变图（局部），线描为主，淡施彩色，人物形貌栩栩如生，可谓垂范之作。

敦煌莫高窟第103窟维摩诘经变图（局部）②

①《童书业美术论集》，上海古籍出版社1989年版，第208页。

②段文杰主编：《中国敦煌壁画全集6盛唐》，天津人民美术出版社1989年版，第130页。

中国古代工笔人物画，类吴道子维摩诘像者，寥寥无几。大量的工笔人物画特别是肖像画，给人的视觉印象：失真。看下面的传世仕女图：

辽宁省博物馆藏唐周昉《簪花仕女图》(局部)[①]

晚明之前大量的仕女图，相貌无凹凸感、无质感，视觉失真无一例外。“时代审美取向”以及“不拘形似”的说辞，实在难以掩盖技法上的欠缺。明朝时，人们看到西洋天主像，酷似真人，大为惊诧，这才认识到国画的不足。明代顾起元记利玛窦语：

中国画但画阳，不画阴，故看之人面躯正平，无凹凸相。[②]

明末姜绍书《无声诗史》说：

利玛窦携来西域天主像，乃女人抱一婴儿，眉目衣纹，如明镜涵影，踽踽欲动。其端严娟秀，中国画工，无由措手。[③]

明崇祯八年（1635）刊行的《帝京景物略》中说：

供耶稣像其上，画像也，望之如塑，貌三十许人。左手把浑

① 邵大箴主编:《中国美术百科全书》(Ⅳ),人民美术出版社2009年版,第1945页。

②(明)顾起元撰,吴福林点校:《客座赘语》,南京出版社2009年版,第167页。

③ 李福顺:《中国美术史》下卷,辽宁美术出版社2000年版,第545页。

> 天图，右叉指若方论说次，指所说者。须眉竖者如怒，扬者如喜，耳隆其轮，鼻隆其准，目容有瞩，口容有声，中国画绘事所不及。[①]

中国工笔人物画的短板显而易见。

清雍正七年（1729年），在意大利传教士郎世宁的帮助下，年希尧完成并出版《视学》。中国第一部介绍焦点透视法的著作问世[②]。受西方画的影响，中国人物画在明末开始变化，融合中西技法的画作，逐渐多了起来。

苏轼说："论画以形似，见与儿童邻。"（《书鄢陵王主簿所画折枝二首》其一）绘画若仅以形似论高下，那就接近儿童的水准了。苏轼的话没有错，"形"之外还有"神"，"传神"是更高层次的要求。传神之作并非不重"形似"，吕凤子说：

> "写神""致用"的画是一向重视"形似"，且是非常重视"形似"的。不过他们所重视的是经过很好地加工而具足"骨气"或"气韵"的"形似"，不是没有经过加工"错乱而无旨"的"形似"。在他们的画中，即从"迹简"到"细密精致而臻丽"的画中，所似的都是经过加工的"形"，没有经过加工的"形"，在他们画中是不大会发现的，也就是说它永远不被重视。[③]

由于苏轼的影响力，那两句诗成为绘画的评判标准，同时也被用作无力肖像的漂亮的遮羞布。人物画的失真，被不确定的"神似"所遮掩，所谓逼真，非不能也，不为也。巧言辩解以及理论上的偏执，在很大程度上阻滞了古代工笔人物画特别是肖像画的自省与革新。

从绘画技法上看，中国画还有一个比较特殊的画种：界画。

---

① (明)刘侗、于奕正:《帝京景物略》,古典文学出版社1957年版,第60页。

② 大约在明崇祯二年(1629年),耶稣会传教士毕方济刊行《睡答 画答》(即《画答》《睡答》合订本,人称"睡画二答",李之藻作序)。当代人著文,认为《画答》对透视法作了解释。实际上,《画答》谈的是一些审美体验,未对透视法作出解释。

③《吕凤子文集》,天津人民美术出版社2005年版,第114—115页。

界画主要以建筑物为题材，用界尺画线，横平竖直，一丝不苟，又称“屋木画”“宫室画”。随着界画的发展，一些器物也成为界画题材。据说有的界画大师画线，可以抛开界尺，凭借手腕功力，同样可以绘出平直匀整的线条[①]。

界画从秦汉时的工程图样发展而来，魏晋六朝时初具规模，隋代形成画种，繁荣于唐宋，元以后渐至衰落。

“界画”一词，最早见于宋代郭若虚《图画见闻志》[②]：

> 今之画者，多用直尺，一就界画，分成斗栱，笔迹繁杂，无壮丽闲雅之意。（《图画见闻志·叙制作楷模》）
>
> 支选，不知何许人，仁宗朝为图画院祗候。工画太平车及江州车。又画酒肆边绞缚楼子，有分疏界画之功。兼工杂画。（《图画见闻志·纪艺下》）

关于界画的衰落：

> 元初，许多文人士大夫画家抱着不仕元的气节，隐迹山林，寄情书画，追求“逸笔草草，不求形似”的创作原则。界画由于表现方法的特殊性，不可能和他们的意念求得一致，而逐渐遭到排斥，画家急剧减少……界画的地位也降到了诸画种的最后几位。甚至还出现了“世俗论画，必曰画有十三科，山水打头，界画打底”（《画鉴》）的说法。界画衰败的迹象，已十分明显。[③]

界画工具“界尺”早已失传，古籍中关于界尺的形制，偶有三言两语。杭州市园林文物局收藏有两个明代界尺：由铜杆将两个直尺相连组合而成

---

① 唐代张彦远《历代名画记》卷第二《论顾陆张吴用笔》说吴道子“弯弧挺刃，植柱构梁，不假界笔直尺”。

② 米田水译注：《图画见闻志·画继》，湖南美术出版社2000年版，第21、174页。

③ 游新民：《界画技法》，人民美术出版社1989年版，第11—12页。

的平行尺与一个单独槽尺。界尺形状大体有以下几种[①]：

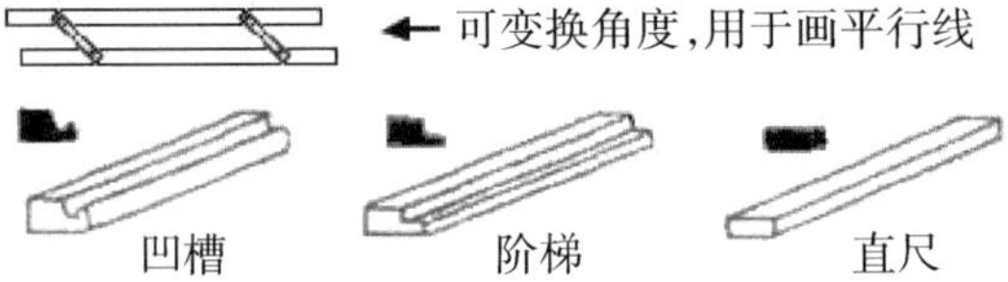

界画画法：

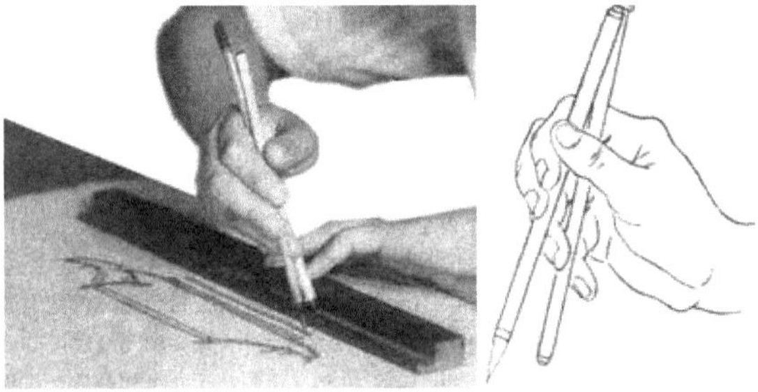

中国画还有一个独特的成分：题跋。在画面上书写诗、词、文、标题以及创作信息等，并加盖印章，叫作“题跋”。题跋完毕，一幅作品才算完成。

在画作上写出标题、作者以及创作时地，称为题款。实际上人们往往不将题跋、题款、画跋、款识、题识细加分辨，一概笼统地称之为题跋。

题跋萌生于唐代，流行于宋元，明清时成为作品不可缺少的一个组成部分。宋徽宗赵佶最早以题跋形式直接在画面（《腊梅山禽图》）上写诗，此后，诗文题跋大行。

题跋彰显了作品的意境，加重了作品的分量，提高了作品的价值。作者的印章，在作品中显得尤为重要，不可或缺。宋以后画作若缺少印章，文物价值会遭受质疑，市场价值会大打折扣。

传神与抒情，是中国画的两大特色，也是令西方画家最为钦佩的地方。1956年7月29日，张大千来到法国南部尼斯港的“加尼福利亚”别墅，与住在这里的西班牙著名画家毕加索会晤。毕加索对张大千说：

---

① 平行尺图转引自沈康身：《科技史文集》第8辑，上海科学技术出版社1982年版，第161页。其他界尺以及界画画法图片转引自游新民：《界画技法》，人民美术出版社1998年版，第38—39页。

> 我最不懂的，就是你们中国人，何以要跑到巴黎来学习艺术！……不要说法国巴黎没有艺术，整个西方，白种人都没有艺术！……这个世界上谈到艺术，首先是你们中国人有艺术，其次是日本的艺术，当然，日本的艺术又是源自于你们中国，第三是非洲的黑种人有艺术，除此之外，白种人根本无艺术。所以我最莫名其妙的事，就是何以有那么多的中国人、东方人要到巴黎来学艺术？①

毕加索的话震撼了张大千，也震撼了整个中国画界。那些“言必称希腊”的人应当明白，中国画需要更高的美术技法、更深的文化功底，需要在多方面付出更艰辛的努力，需要用一生去争取。没有铁杵成针的精神，是不会成为艺术大师的。

① 文欢:《张大千与毕加索的“高峰会晤”》,《工会信息》2014年第35期。

茶 韵

中国是茶的原产地。现在可以看到的最古老的茶树，树龄已逾3200年：

> 香竹箐茶树王生长于云南省临沧市凤庆县小湾镇锦绣村，是世界上发现的最粗最大的古茶树，树干直径有1.84 m，树高10.6 m，树幅11.1 m×11.3 m。中国农科院茶叶研究所林智博士及日本农学博士大森正司对其测定，推断其树龄在3200～3500年，是不可多得的珍稀茶树资源。[①]

中国的茶史研究者根据香竹箐古茶树以及对云贵高原古茶群的考察，认为茶的原产地在云贵高原。又根据可见的文献资料，认为茶叶由巴蜀[②]等地东传，经过漫长时间，至南北朝，南方才普遍形成饮茶风尚。

2004—2011年，国家有关部门对浙江省余姚市三七市镇相岙村的田螺山遗址进行多次发掘，经过十年的考察、检测、分析、论证，2015年6月30日，在杭州举行的“田螺山遗址山茶属植物遗存研究成果发布会”上，浙江省文物考古研究所与中国农业科学院茶叶研究所联合宣布：田螺山遗址出土的山茶属树根距今已有6000年左右，是迄今为止我国境内发现的最早人工种植茶树的遗存。

---

① 周萌、李友勇、孙雪梅等：《基于EST-SSR分子标记对香竹箐茶树王的遗传多样性分析》，《西南农业学报》2016年第2期。

② 今四川一带。

田螺山出土类似茶壶的陶器[①]

田螺山遗址中发现的茶树根[②]

2011年，北京大学中国考古学研究中心编写的《田螺山遗址自然遗存综合研究》，由文物出版社出版发行。该书收录多位日本专家联合署名的树种鉴定报告——《浙江省田螺山遗址出土木材的树种鉴定》，其中说道：

> 经过分析的6例木材样本（CHNT3-366-371即出土的疑似茶树根样本）结果显示，均为山茶属Camellia的同种树木……种种迹象均表明，这些山茶属的树木是人为种植的。[③]

《中国茶叶》2016年第2期刊载程启坤《对田螺山遗址中发现六千年前人为种植的茶树根的认识》，就这些问题作了分析：1.这些茶树根是六千年前的，年代可靠吗？2.这些树根为什么能保留至今还没腐烂掉？3.有什么根据肯定这些树根是茶树根？4.有什么根据认为这些茶树是人为种植的呢？5.余姚田螺山遗址发现六千年前人工种植的茶树根有什么重要意义？

古茶树中，栽培型古茶树与野生大茶树在概念上是有区别的：

> 古茶树与野生大茶树也是两个概念。野生大茶树虽然也被称为茶树，但它的叶和果是野生的，其外观形态与内含物与我们现今的茶叶有诸多不同，个别具有一定毒性，是不能被食用的。野生茶树只有经过“过渡型茶树”之后，再经过“驯化”才能演化成可食（饮）用的茶树。云南历史上曾流传一种“野茶驯化家茶”

① 图片转引自北京大学中国考古学研究中心、浙江省文物考古研究所编：《田螺山遗址自然遗存综合研究》，文物出版社2011年版，第37页。

② 图片转引自陈伟权：《六千年茶树根寻访考证记》，《茶博览》2015年第10期。

③ 北京大学中国考古学研究中心、浙江省文物考古研究所编：《田螺山遗址自然遗存综合研究》，文物出版社2011年版，第117页。

的方法，是将茶树砍断，然后连续三年施火焚烧，再将烧成的灰烬变成灰肥，覆盖在茶树根部周边，当茶树长出新芽后，驯化工作基本完成。这种驯化的“土方法”其实在云南一些相对偏远与落后地区一直保留着，我们从相关资料中查到，在1976年这种方法仍在芒景与景迈地区使用过。[①]

根据考古研究结果，中国茶的原产地，应当在浙江一带。中国人很早便掌握了茶树的人工栽培方法，对茶的饮用，史前就已发生。唐代陆羽《茶经》中说：“茶之为饮，发乎神农氏。”神农氏时代距今大约6000年，看来陆羽所言并非“托古自重”，前人看似荒谬的言论，还是不要轻易否定为好。

田螺山茶树根的鉴定，并未使学术界普遍接受[②]。如果认可田螺山茶树根的鉴定，中国茶的原产地就在浙江一带，茶的饮用发生在五六千年前。如果维持原有认定，中国茶的原产地就在云贵高原，茶的饮用发生期则仍在讨论之中。

根据考古报告以及茶史资料，保守的看法，中国人最迟在3200年前就已熟悉了茶，掌握了茶树的栽培方法。茶最初是因其药用价值被人类发现的。清代陈元龙《格致镜原·茶》：“《本草》：神农尝百草，一日而遇七十毒，得茶以解之。今人服药不饮茶，恐解药也。”人类在“尝百草”的过程中，通过经验的积累，认识到茶有着清热排毒、提神醒脑、消食止泻等医疗功效，因此，茶作为药材被人类取用。

随着认识的深入，茶由单纯的药物跻身对人体有益的保健品行列，茶不仅可以治病，还可以防病健身，有着医疗与保健的双重功效。

周代，武王克商后，巴蜀等地将茶作为贡品，与蜜、灵龟、巨犀、山鸡等一起献给周武王。如果史上确有其事，从贡品名目上看，茶与蜜一样，都是保健珍品。

---

① 陈杰：《古茶树之谜》上，《普洱》2015年第4期。

② 2017年12月12日，竺济法等22位茶文化专家、学者联名致函国家文物局，对田螺山人工栽培茶树根的认定提出质疑，认为现有鉴定不严谨、不科学，应当重新审核认定。

茶饮普及，经历了较长的时期，到南北朝，南方才普遍形成饮茶风尚，北方一些地区仍不习惯饮茶。隋唐以后，饮茶在北方被普遍接受。

茶叶的药用一直未中断。当人们认识到茶的保健功能后，开始了茶的饮用。将茶作为贡品，说明饮用茶在商周时西南地区已很流行[①]，茶很早便以药料与饮料的双重身份存在于人的生活中[②]。饮茶不等于喝药，茶一旦被人日常饮用，就成为一种饮料，具备了饮料所应有的特征。

“茶”原本称为“荼”“槚”等。《尔雅 · 释木》：“槚，苦荼。”晋郭璞注：“树小似栀子，冬生叶，可煮作羹饮，今呼早采者为荼，晚取者为茗。一名荈，蜀人名之苦荼。”[③]东汉许慎《说文解字》：“荼苦荼也，从艸，余声。同都切。臣铉等曰，此即今之茶字。”[④]“荼”在汉代已一字两读，《说文解字》：“斜杼也，从斗，余声，读若荼。似嗟切。”[⑤]从字形上看，用作“茶”的概念时，汉代以“荼”为正体，“茶”为俗体。俗体“茶”字，在汉代已经出现。下图为汉代印章中的“茶”字[⑥]：

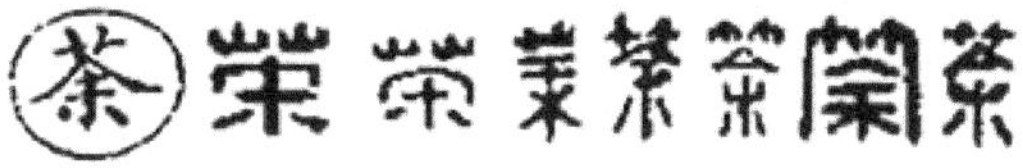

1990年4月19日，浙江省湖州市博物馆在该市弁南乡罗家浜一处东汉至三国时期的墓葬中出土一个青瓷“茶”字四系罍，其肩部刻划一隶书“茶”字。

隋代，“茶”字已频繁使用。虞世南《北堂书钞》多处使用“茶”字，并专立《茶篇》。陆法言《切韵》也收入“茶”字[⑦]。唐代陆羽《茶经》问世后，“茶”字通行于世，但时人仍有用“荼”字者。

---

① 吴觉农推断：“茶由药用时期发展为饮用时期，是在战国或秦代以后。”（吴觉农主编：《茶经述评》，中国农业出版社2005年版，第172页）明末清初顾炎武《日知录·茶》：“自秦人取蜀而后，始有茗饮之事。”顾炎武认为，若巴蜀以外地区饮茶在秦取蜀之后，则巴蜀饮茶在商周时期并非没有可能。

② 随着时代发展，茶的保健价值不断提高。由于茶的药性缓慢，现代中医已很少用茶。

③（晋）郭璞注，王世伟校点：《尔雅》，上海古籍出版社2015年版，第158页。

④（汉）许慎撰，（宋）徐铉校定：《说文解字》，中华书局1978年版，第26页。

⑤（汉）许慎撰，（宋）徐铉校定：《说文解字》，中华书局1978年版，第300页。

⑥ 图片转引自（清）袁日省：《汉印分韵合编》，上海书店出版社1979年版，第49页。

⑦ 参见（宋）司马光：《切韵指掌图》，中华书局1962年版，第60页。

唐以前饮茶，与喝菜汤没什么区别。唐人皮日休说以前饮茶，“必浑以烹之，与夫沦蔬而啜者无异也”[①]。魏晋以后，名士风流，饮茶多了许多精神因素，但仍然是喝菜汤式。至唐代，饮茶进入“品”的阶段，品茶（品茗）与喝菜汤，生理与精神感受，都有很大的区别。茶道在唐代兴起。

汉代文人饮茶，已成时尚。魏晋时期，文人清谈，边喝茶，边论道，很是风雅。西晋时，茶被视为最佳饮料。西晋张载《登成都白菟楼》“芳荼冠六清，溢味播九区”，是中国文学中最早赞美茶的诗句。西晋灭亡，晋室东渡。北方人到了南方，对饮茶（尤其是较苦的浓茶）还有个接受过程。南朝宋刘义庆《世说新语·纰漏》记东晋王导率时贤迎接从北方过来的任瞻，坐定后即先上茶，而任瞻对茶却有点茫然。宋书《太平御览》卷八百六十七引《世说新语》佚文，说东晋朝廷官员王濛好饮茶，凡去他府上的人，不管对方是否适应，都要饮茶，以致被他人视为“水厄”（水灾）。“水厄”于是成为茶的戏称。不知“水厄”含义，会出笑话[②]。

唐朝初年，北方饮茶尚未成俗。由于佛教僧人嗜好饮茶，受此影响，开元以后，北人辗转相效，饮茶遂成风俗。唐人饮茶，三种方式：痷茶、芼茶、煎茶。痷茶，就是泡茶。芼茶，烹煮茶的时候，加入葱、薑、桂、椒、桔皮、薄荷等，也就是所谓的茶粥。以菜拌和谓之芼。煎茶，水初沸时投入茶末，再沸时即可。煎茶法是陆羽提倡的。中唐时，陆羽写成《茶经》三卷，6235字，初以抄本形式流传，建中元年（780年）刻印成书。唐人封演《封氏闻见记·饮茶》说，《茶经》影响巨大，以致“茶道大行”[③]。这里的“茶道”，指饮茶的方法，实际上就是茶艺。《新唐书·隐逸》:

① 沦蔬，煮菜。啜，喝。(唐)皮日休著，萧涤非、郑庆笃整理:《皮子文薮》，上海古籍出版社1981年版，第163页。

② 北魏杨衒之《洛阳伽蓝记》卷三《正觉寺》记王肃事:“后萧衍子西丰侯萧正德归降，时元乂欲为之设茗，先问:‘卿于水厄多少?’正德不晓乂意，答曰，‘下官生于水乡，而立身以来，未遭阳侯之难。’元乂与举坐之客皆笑焉。”

③ 唐代封演《封氏闻见记校注》(赵贞信校注，中华书局2005年版，第51页):“楚人陆鸿渐为《茶论》，说茶之功效并煎茶炙茶之法，造茶具二十四事，以‘都统笼’贮之。远近倾慕，好事者家藏一副。有常伯熊者，又因鸿渐之论广润色之。于是茶道大行，王公朝士无不饮者。”

羽嗜茶，著经三篇，言茶之原、之法、之具尤备，天下益知饮茶矣。时鬻茶者，至陶羽形置炀突[①]间，祀为茶神。

陆羽被祀为茶神，系晚唐时事。陆羽提倡煎茶法饮茶，煎茶法于是成为唐代饮茶主流方式。饮茶应当细品，不仅仅是解渴，更应获得精神享受，身心俱怡。要选择好茶，选择好水。“山水上，江水中，井水下”[②]。甘美清冽的乳泉水为上，远离人烟的江水为中，经常汲用的井水为下。煎茶时，不可忽略火候，宜用木炭，其次用柴薪。至于茶具等，均有讲究。唐时茶盏多为瓷器。

宋代饮茶更盛，嗜茶成风。宋徽宗赵佶写了茶叶专著《大观茶论》20篇。王安石指出：“夫茶之为民用，等于米盐，不可一日以无。”[③]南宋吴自牧《梦粱录·鲞铺》说：“盖人家每日不可阙者，柴米油盐酱醋茶。”茶已成为生活必需品。宋代不再煎茶，时行“点茶”“斗茶”。点茶在唐代痷茶基础上发展而来，实即另一泡茶方式。将茶末置盏中，注入少许沸水，将茶末调至糊状，尔后沸水冲泡，最后用茶筅在盏中旋转搅动，至泡沫覆盖水面。斗茶，即茶艺比赛，亦即点茶竞赛。斗茶又称“茗战”，晚唐时已有斗茶活动，宋代发展至高潮。不少诗文画作，也因斗茶而生。

明代饮茶不再煎煮，改为沏茶，即撮泡法，抓一撮茶置入器皿中，然后开水冲泡。这种方法，延续至今。

早在晋代，就有流动茶摊出现，西晋傅咸《司隶教》就提到四川老妇挑担卖茶粥事[④]。唐代，出现不少茶铺，人称“茶坊”“茶肆”“茶寮”“茶邸”。宋代，饮茶场所的数量、规模、功能、类型，远超唐代，出现了“茶楼”称谓。明代，“茶馆”一词出现，沿用至今。

茶馆是各色人等藉茶会聚的所在，同时也是茶文化展现以及社会状况

---

① 陶羽形，陆羽陶像。炀，炉灶。突，烟囱。

② (唐)陆羽著，沈冬梅编著：《茶经·五之煮》，中华书局2010年版，第80页。

③ 中华书局编：《四部备要(第75册)·临川先生文集(第七十卷)·议茶卷》，中华书局1980年版，第458页。

④ 傅咸《司隶教》：“闻南方有蜀妪作茶粥卖，为廉事打破其器具，后又卖饼于市，而禁茶粥以因蜀妪何哉？”

浓缩的场所。

有三个概念，经常涉及：茶艺、茶道、茶文化。从概念产生的时间看，依次为茶道→茶艺→茶文化。从行为的发生发展看，则是茶艺→茶道→茶文化。概念间包含关系如图：

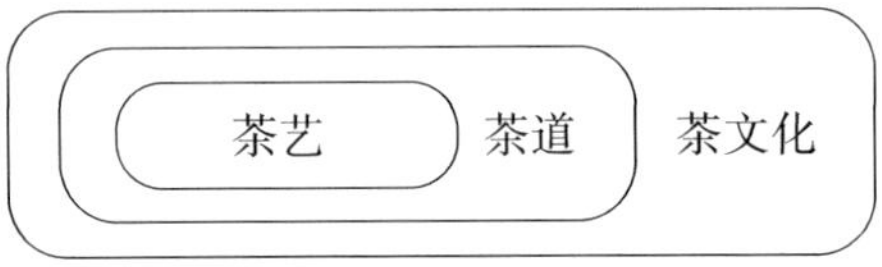

茶艺　行茶的行为艺术，包括茶的冲泡技艺、礼仪行为、举止风范、品饮鉴赏等。蔡子民说：

> 茶艺继承了中国传统的品茶经验和行茶程式，也吸收了日本茶道的行茶形式，所说“和敬清寂”实为日本茶道的理念，茶艺没有另外提出品茶养性的理念。[①]

中国的茶艺，魏晋时就已萌芽，至唐代形成范式，宋代以后历经改造充实，不断发扬光大。中国茶艺历史虽然悠久，但一直没有形成专业概念。

> 一九七七年，以中国民俗学会理事长娄子匡教授为主的一批茶的爱好者，提出弘扬茶文化的倡议，为了恢复弘扬品饮茗茶的民俗，有人提出“茶道”这个词，但是，有人指出“茶道”虽然建立于中国，但已为日本专美于前，如果现在提出“茶道”恐怕引起误会，以为是把日本茶道搬到中国来；另一个顾虑，是怕提出“茶道”过于严肃性，中国人对于“茶道”字是特别庄重的，比较高高在上的，要人民很快就普遍接受可能不容易，于是就提出“茶艺”这个词。经过一番讨论，大家同意才定案。“茶艺”就这么产生了！[②]

茶道　“茶道”一词，最早出现在唐代。唐代僧人皎然《饮茶歌消崔

① 蔡子民：《茶艺与茶道》，《台声》2002年第5期。

② 范增平：《茶文化的传播对现代台湾社会的影响》，《农业考古》1992年第4期。

石使君》:“孰知茶道全尔真,唯有丹丘得如此。”唐人封演《封氏闻见记·饮茶》:“楚人陆鸿渐为《茶论》……有常伯熊[①]者,又因鸿渐之论广润色之。于是茶道大行,王公朝士无不饮者。”这时的“茶道”,指的仅是茶艺。随着唐代儒释道三教对茶的嗜好,茶道重心逐渐转向意识形态。道,技艺与理念。茶道,茶之技艺与理念,如茶艺、饮茶的身心感受、茶的文化属性、美学效应、品饮的精神活动以及所达到的精神境界。茶道这一概念,内涵丰富,外延也颇宽泛。

中国茶道概念虽然产生很早,但一直缺乏理论层面的操作。唐宋以降,有不少茶诗茶文,涉及清净修身、淡泊养性、人生感悟,但对于茶道的理论阐述,却难得一见。宋徽宗《大观茶论》开篇就说:

> 至若茶之为物,擅瓯闽之秀气,钟山川之灵禀,祛襟涤滞,致清导和,则非庸人孺子可得而知矣,中澹间洁,韵高致静,则非遑遽之时可得而好尚矣。[②]

直指中国茶道精髓:清、和、澹、静。中国的茶道也确实沿着“清和澹静”的精神延伸发展,但在整个封建时代却始终未能构建出一个完整、成熟而又清晰的茶道体系。中国历代茶书,皆重于“术”而略于“心”[③]。唐代中后期,茶道传到日本,在日本开花结果。蔡子民指出:

> 茶和茶文化是在唐代传入日本的。公元805年日本和尚最澄、空海留学唐朝,将茶籽和饮茶习惯带回日本。1187年日本和尚荣西留学宋朝,回日后著《吃茶养生记》,吸收宋代大寺院中的煮茶、品茶、行茶仪式,推广饮茶风尚,从而发展为一种特殊的艺

① 常伯熊,与陆羽同时,安徽临淮人(今安徽宿州泗县)。

② 译文:至于茶作为一种物品,拥有了浙东与福建的精气,积聚了山川的灵性,使人开怀而通畅,清净而平和,这是凡夫俗子所不能领会的;淡定而又简洁,高雅而又平静,这又非惊惧不安状态下所能获得并追求的。

③ 日本伊藤古鉴《茶和禅》(冬至译,百花文艺出版社2005年版,第135页)引日本仙厓和尚语:“夫茶道,在心不在术,在术不在心。心术两无,便显一味,是为茶之妙道。”中国古代茶书,涉及“心”者,寥寥数语。

术——茶道。[①]

1991年5月5日，中国南开大学“千宗室博士学位论文答辩委员会”为日本千宗室博士论文《〈茶经〉与日本茶道的历史意义》作出决议：

千宗室先生的论文《〈茶经〉与日本茶道的历史意义》，是一部系统研究日本茶道源流及其所体现的文化精神的学术专著，也是一部以茶为主题的中日文化交流史专著。从文化史和思想史的角度来看，该论文在以下几个方面有比较突出的建树：

一、确认中国的茶文化是日本茶道的源头，被后世尊为“茶圣”的唐代陆羽的《茶经》，是中日两国茶人所共奉之最早和最高的经典著作。不仅日本的茶种，种茶、制茶、煮茶、饮茶的方法，以及茶器、道具等皆源于中国，而且中国文人、僧侣于饮茶时所形成的“他界观念的意境”，那种对幽洁、高远情趣的体味和追求，也提供了日本茶道精神的原型。中国古代的佛教、道教和儒家思想，均对日本茶道的理念和世界观有深刻影响。

二、指出日本茶道虽源于中国，但是又决非中国茶文化的简单移植或翻版。中国的茶文化传到日本后，又在日本特殊的社会环境和文化氛围中经过了再创造的过程，把点茶、饮茶的活动升华为茶道，形成为一种综合文化体系，具有鲜明的民族特色和风格，对日本人民的世俗生活和精神生活产生了广泛深远的影响。这种比较分析方法，揭示了不同民族文化交流发展的规律，对研究有关文化交流问题均有指导意义。

三、具体地历史地考察了日本茶文化的发展演变过程，把它概括为三种类型或三个阶段：追求理想境界的幻想型、重视实物性能的养生型和升华为宗教审美意境的理念型，并指出后者是前二者的综合，把对茶的他界观念性幻想和对茶的具体实物性认识综合起来乃是日本茶道之精义所在。文章还从日本平安时代以来

① 蔡子民：《茶艺与茶道》，《台声》2002年第5期。

社会、经济、政治的变迁，分析了不同时期茶文化流行的社会基础，即从贵族、僧侣茶到书院茶，再到庶民茶或草庵茶的过程；从文化交流发展的角度来说，这是一个从一味仿效中国到逐渐消化外来文化，到创造有日本特色的茶文化的过程。

四、对日本茶道集大成者千利休的茶道思想作了深刻的剖析和诠释，指出千氏因主要受禅宗思想影响而提出的“和、敬、清、寂”的茶道理念，目的在于引导人们“飞向以茶为媒介的宗教性的自由境地”，由此说明茶汤（笔者按：疑当为“道”字）不仅是一娱乐性活动，而且内含了极其高度的精神文化，具有浓厚的理想主义色彩。在物质文明高度发达、世俗功利主义盛行的今天，弘扬茶道文化精神有着重要的现实意义。①

从这个决议中，可以看到，茶道源于中国，中国茶道对日本茶道影响深远。茶道源于中国，却被日本“专美于前”。有人指出，茶道在日本成为一种“美的宗教”②，而中国的茶道，则是一种“美的哲学”③。

20世纪80年代，研究和探讨茶艺、茶道、茶文化的论文与专著陆续涌现；90年代后，开始了茶文化研究的复兴局面。

茶文化　“文化”是一个难以说清的概念。简单地讲，文化是人类认知并把握对象的结果与表现，它包括对象的人化，以及认知程度的物化。例如饮食与服饰，人类根据自己的认知，使饮食、服饰具有了审美价值与使用价值，对象的人化结果，产生了饮食文化、服饰文化。人类又基于对饮食、服饰的认知程度，创造、生产出各式产品，使产品呈现出不同的形态，因此又有了体现文明程度的物质文化。茶文化是人类对茶的认知反映，从茶的审美价值、使用价值到茶的再生产与取用方式。任何事物都有一个

① [日]千宗室著，萧艳华译：《〈茶经〉与日本茶道的历史意义》，南开大学出版社1992年版，第1—2页。

② 滕军《日本茶道文化概论》（东方出版社1994年版，第74页）：“日本茶道的集大成者千利休创造了日本美的完整的艺术体系。他的茶道可称为一种新的宗教，有人称之为‘自然教’‘美的宗教’。”

③ 林治：《中国茶道》，中华工商联合出版社2000年版，第185页。

发生发展的过程，茶文化也不例外。唐代陆羽《茶经》的问世，标志着中国茶文化的正式形成。茶道（包含茶艺）是茶文化的核心。

“茶文化”是当代产生的一个概念。

在20世纪70年代末，吴智和撰著《茶的文化》（台北：“行政院文化建设委员会”，1978年）。20世纪80年代初，陈椽在《茶业通史》（北京：农业出版社，1984年）中列“茶与文化”专章。其后，茶的文化、茶与文化、茶叶文化、茶艺文化、饮茶文化等频见文著，“茶文化"呼之欲出。

20世纪80年代，“茶文化”新名词在中国海峡两岸先后出现。1984年，庄晚芳在论文《中国茶文化的传播》（《中国农史》1984年第2期）中，最早使用“茶文化”一词。

……

到1990年，“茶文化”作为新名词被中国社会广泛接受。[①]

茶文化涵盖的范围很广。众多的茶联与茶诗，既属于文学的范围，也属于茶文化的范畴。

贴挂楹联，是茶楼与酒楼的传统。浓郁的文化气息，招徕更多的顾客。严格说来，茶楼与酒楼算不上同行，各做各的生意，两不相犯。可偏偏有这样的例子，为争顾客，茶楼与酒楼在楹联上斗了起来，“文化争斗”的结果，两败俱伤[②]：

传说清朝末期，四川华阳县中兴镇，有一“兴盛居”茶楼，与对面的“望月楼”酒楼争生意，主要手段就是展示雅俗共赏的楹联。一年春节，茶楼老板请秀才撰写一联，贴于店门：

香分花上露
水汲石中泉

① 丁以寿：《当代中国茶文化研究略评》，《饮食文化研究》2009年下。

② 下面一则故事，未明原始出处，流传的版本甚多。可参考龚建华：《中国茶典》，中央民族大学出版社2002年版，第286—287页；吴旭霞：《茶馆闲情》，光明日报出版社1999年版，第89—90页。

写得很雅致，说茶有花香，泉水煎茶。顾客围观，啧啧称赞。对面的酒楼老板见状，也请一位秀才给酒楼撰联：

上桌千君醉

开坛十里香

“开坛十里香”本是清初洪昇赞美汤沟酒的句子，用在这里，恰到好处，酒楼生意因此兴隆起来。茶楼老板看着心急，请秀才又撰一联：

邂逅相逢　坐片刻不分你我

彳亍而来　品一盏漫话古今

酒楼老板见后，不甘示弱，请人又写一联：

劝君更尽一杯酒

与尔同销万古愁

用王维和李白的诗句合成，巧妙而有气势。茶楼老板不服气，赶紧又出一联：

茶可清心

酒能乱性

有了点挑衅的意思，酒楼老板感到气愤，立即请秀才应战：

有志者饮酒

无聊人喝茶

这下超出了生意之争，矛头指向消费者，犯了众怒。茶客于是哄起，砸了酒楼的招牌和楹联，两家对联之争，方告平息。

文人墨客与茶有着不解之缘，写下很多咏茶诗句。宽泛点讲，历代涉及茶的诗，在2000首以上。唐人卢仝《走笔谢孟谏议寄新茶》，其中有这样几句：

一碗喉吻润，两碗破孤闷。三碗搜枯肠，唯有文字五千卷。四碗发轻汗，平生不平事，尽向毛孔散。五碗肌骨清，六碗通仙灵。七碗吃不得也，唯觉两腋习习清风生。

七碗茶后，有乘风飞去之感。这首诗也被人称作《七碗茶歌》《七碗茶诗》。至宋代，嗜茶者众，茶楼歌妓云集，歌茶词以助兴，是当时茶楼一景。宋代茶风虽炽，但茶词不多，不到300首。蜀人周之纯始作茶词，词已佚。

唐代白居易好饮茶，说自己是“别茶人”，即善于鉴别茶叶的人。宋代苏轼与僧人“坐请坐请上坐，茶敬茶敬香茶”的趣闻，传为佳话。“康熙秀才、雍正举人、乾隆进士”郑板桥，在他的《行书扬州杂记卷》中，记叙了因茶引发的与饶五姑娘的情事。至于帝王嗜茶，以宋徽宗与乾隆帝为最。宋徽宗有茶学名著《大观茶论》，乾隆有茶诗200首，自称“君不可一日无茶”。至于历代文人所写茶诗，就难以尽数了。根据陈彬藩主编的《中国茶文化经典》（光明日报出版社1999年版），仅唐宋茶诗有1300余首，明清有750首。“琴棋书画诗酒茶”，茶早已溶入中国古代文人的命脉，成为文人的生存伴侣。

现存最早的茶画，是唐代阎立本的《萧翼赚兰亭图》。

世界上有四大产茶国：中国、印度、日本、斯里兰卡。中国茶的种类与品质，居四国之首：

绿茶　产量最多。西湖龙井、黄山毛峰、洞庭碧螺春、南京雨花茶等。

红茶　祁门红、滇红工夫、川红工夫、金骏眉等。

青茶　又名“乌龙茶”。安溪铁观音、武夷岩茶（包括大红袍、武夷水仙）、台湾冻顶乌龙、阿里山乌龙等。

黑茶　云南普洱茶、湖南黑茶、湖北老青茶等。

白茶　白毫银针、贡眉、白牡丹等。

黄茶　蒙顶黄芽、黄山黄芽、君山银针等。

再加工茶　花茶（茉莉花茶、玫瑰花茶、苦丁茶、黄山贡菊等）。

茶虽有保健作用，但不是什么人都宜于饮用的。所谓“茶为万病之药”，乃日本高僧荣西大师在《吃茶养生记》中对茶的溢美之词[①]。2017年10月27日，世界卫生组织国际癌症研究机构公布了致癌物清单，茶属于三类致癌物[②]。

虽然茶被列入致癌物清单，但也是“仅供参考”。传统的认识及经验，认为茶是有益健康的。作为饮料，茶至少已有三千多年的历史。在中国人的眼中，茶寄寓了太多的情趣，而这也恰是茶的韵味之所在。有好茶喝，会喝好茶，是一种“清福”。[③]

① 唐代陈藏器《本草拾遗》中实无“万病之药”的说法。

② “茶”在该清单中的序号是271。

③ 鲁迅：《鲁迅文集·准风月谈·喝茶》，甘肃文化出版社2018年版，第235页。

酒　趣

醉的本质是力的提高和充溢之感[①]。

《水浒传》写景阳冈武松打虎，上冈之前，在阳谷县地面一家酒店，吃熟牛肉四斤，喝酒十八碗。十八碗酒，相当于今天多少白酒？宋代的酒碗，一碗装酒约200毫升，一毫升酒约0.83克（酒与水的密度不同），一碗酒约合现在的三两，十八碗计五十四两，合今制五斤半。宋代北方流行米酒，好一点的，酒精度一般在6度左右。阳谷县这家酒店打出的招牌：三碗不过冈，武松也夸“端的好酒”，酒劲可能要大一点，但度数最高不会超过10度。取个中间数，且定作8度。武松的十八碗酒，从量上看，约相当于现在的6瓶啤酒。从酒精度看，约相当于现在42度的一斤白酒。

河南省商丘市华夏酒文化博物馆藏宋代陶瓷酒碗[②]

曹操酒量不大，但也时而饮酒。他的劝酒方式，古今一绝。《三国志·魏书·二李臧文吕许典二庞阎传》记载，曹操劝酒时，彪形大汉典韦手执大斧，跟在后面。曹操走到谁跟前，典韦便举起大斧，目视对方。如此劝酒，谁敢不从。曹操霸气十足，但隐忧在胸，忧大业未成、天下不治。他

① [德]尼采著，周国平译：《偶像的黄昏》，光明日报出版社1996年版，第59页。

② 图片转引自百度百科：宋代陶瓷酒碗，https://baike.baidu.com/item/宋代陶瓷酒碗/15893413?fr=aladdin。

有两句诗，传诵至今："何以解忧，惟有杜康。"（曹操《短歌行》）以杜康代称酒。杜康即夏代帝王少康，传说杜康造酒，是人工酿酒的始祖。

自然界的果类以及野生谷物，成熟后落积地面，霉变后自然发酵，淌出含有乙醇成分的液体，古人发现后，名之为"酒"。通过对酒的认识，人类开始尝试自己酿酒。从天然发酵到人工发酵酿酒，经历了一个漫长的时期。

1983—2013年，河南省文物研究所与中国科学技术大学考古专家对河南省舞阳县贾湖遗址先后进行了8次挖掘，从出土的陶器上发现了酒类饮料沉淀物。2004年12月6日，美国《国家科学院学报》刊登了中国科学技术大学考古系教授张居中与美国宾夕法尼亚大学考古化学家帕特里克·麦戈文合作的研究成果——"*Fermented beverages of pre-and proto-historic China*"（《史前中国的发酵饮料》），认为距今9000年前的贾湖人已开始酿酒。2004年12月15日，《中国文物报》刊登蓝万里《中美考古学家对贾湖遗址联合研究发现：我国9000年前已开始酿制米酒》，文中指出：

> Patrick E. McGovern教授等对这些陶器进行了一系列的化学分析，分析方法包括气相色谱分析、液相色谱分析、傅立叶变换红外光谱分析、稳定同位素分析等。分析结果显示，这些沉淀物含有酒类挥发后的酒石酸。另外，残留物的化学成分与现代稻米、米酒、葡萄酒、蜂蜡、葡萄丹宁酸以及一些古代和现代草药所含的某些化学成分相同，残留物还含有山楂的化学成分。分析发现全部酒呈现出稻米的化学特性，在年代最长的酒（贾湖遗址陶片）里还发现含有蜂蜜。对这些分析结果的直接解释是陶器盛放过以稻米、蜂蜜和水果为原料混和发酵而成的饮料。他们认为因为掺有蜂蜜，这些最古老的发酵饮料，味道肯定"甘甜可口"；贾湖遗址经过14C断代测定年代在公元前7000至公元前5500之间，这些实验说明了早在新石器时代早期，中国人就开始饮用发酵饮料。

这项研究成果，将中国人工酿酒的时间，上推到9000年前。

这一鉴定，不少酒史研究者为之振奋。质疑的声音，也同时出现。山东社会科学院历史研究所研究员王赛时称之为“臆说”，王赛时指出：

> 对于“贾湖古酒”的横空出世，有见识者并不盲目相信。中国科学院研究生院科技史与科技考古系的王昌燧教授就率先提出质疑，认为这种所谓的中美考古学家的联合研究极不严肃。笔者也认为，“贾湖古酒”的判断太过草率，研究取向偏离太多。当然，采用化学分析的方法来研究判断古代酒的遗留物，还是一种很有价值的思路，笔者认同这种研究方法，但反对草率的结论，我们绝不能仅仅凭借陶器碎片上的一点点沉淀物就断定中国古酒的起源时限。①

那么，中国的人工酿酒，最早起源于何时？王赛时说：

> 要想准确判断中国酿酒起源年代，必须寻找到成套组合的酿酒器具。可喜的是，1979年，山东莒县陵阳河大汶口文化晚期墓葬“墓17”中出土了一组成套的酿酒器具，计有大口尊、沥酒漏缸、接酒盆、盛酒瓮等实物，这是我国史前考古中首次发现的成套酿酒用具……据上可说，中国酿酒有证据的起源年代应为大汶口文化时期。莒县大陵河墓址出土的实物证实了大汶口文化晚期的谷物酿酒已经十分成熟。可能在这之前，酿酒已经慢慢出现，但也不可能无限延伸。除非我们发现时代更早的成套酿酒器具，否则就不能人为地把中国酿酒起源年限再向史前推移。②

如果认同贾湖古酒的鉴定，中国酿酒起源于9000年前，反之，最迟不会晚于4800年前。

最初的谷物酿酒，是利用曲蘖发酵酿酒。曲，发霉谷物。蘖，发芽谷

① 王赛时：《中国酒史》，山东大学出版社2010年版，第11页。

② 王赛时：《中国酒史》，山东大学出版社2010年版，第15—16页。

物。最初的曲蘖，还是一种混合物。曲蘖是酿酒的引子，即所谓酒母、酒曲。夏季，密封潮湿的谷物，经过十几或二十多天，谷物发芽、长霉，生出菌丝，然后将其风干或晒干，曲蘖制作即告完成。曲蘖要存放一段时间方可使用。酿酒时，以低温时节为佳。将曲蘖浸泡水中，三日后，将曲搅拌均匀，然后把蒸得半熟并已冷却的细碎谷物（酿酒原料）投入曲中，密封器皿，让原料在一定温度下发酵。快的话，一天后即可取用。这种方法，叫“浸曲法”，是一种较为古老的原始方法。“浸曲法”的操作流程，是在生产实践中形成的。就像中医是经验科学一样，古代中国的许多发明创造，都是靠经验取得的。

曲蘖，是使酿酒原料发酵的催化物。到了夏代，曲、蘖开始分离。商代，曲、蘖分别使用的技术已经成熟。用“曲”酿“酒”，用“蘖”酿“醴”。“醴”是乙醇量很低的甜酒，“酒”的乙醇量则比较高。人们逐渐喜“酒”弃“醴”，因为“曲”的发酵功效优于“蘖”。至秦代，酿酒只用曲，而不再用蘖。

随着生产实践的深入与发展，制曲与酿酒的方法、工艺不断改进与提高，酒的品质也在不断提升。在酒精含量方面，由于酒曲的制约，谷物发酵酒最高不会超过20度。汉代的酒，度数也就6度左右[①]，“粗有酒气而已”[②]。唐代的酒，度数高于汉而低于宋。唐代已有“白酒”“烧酒”“烧春”等称呼，均为米酒的不同称谓，并不是蒸馏酒，与现代“白酒”“烧酒”概念有本质区别。米酒仍是唐人的主要饮料。宋代米酒度数又有提高，但仍未超过10度。在现代意义上的黄酒出现之前，米酒又叫酒酿、醪糟、甜酒、秫酒等，名称很多。唐代时，出现了酒精度较高的黄酒，酒度超过了10度。黄酒这一概念，被医家使用[③]。宋代，“酿出的优质酒已经初步完成了从米酒向黄酒的过渡，在中国酿酒文化史上占有标志性的位置。必须

① 王赛时《中国酒史》（山东大学出版社2010年版，第49页）：“笔者大胆估计，汉酒的酒度当在3～6度之间。”

②（宋）沈括著，张富祥译注：《梦溪笔谈》，中华书局2009年版，第60页。

③ 唐代孙思邈《千金翼方》（山西科学技术出版社2010年版，第162页）：“【鼠妇散】治产后小便不利。鼠妇七枚熬黄酒服之。”

指出，现代黄酒有一定的理化指标，而宋代尚无严格标准，人们随意酝酿，任凭感觉来评判优劣。”[①]黄酒工艺，在元朝时定型。黄酒又叫“老酒”“料酒”“陈酒”，酒度约在11～20度，明清黄酒一般在15度上下。

按照现代标准[②]，根据酒精含量，酒可分为三类：

高度酒51%～67%；

中度酒（降度酒）38%～50%；

低度酒38%以下。

2006年7月18日，国家质量监督检验检疫总局、国家标准化管理委员会发布文件，按照酒精度，酒可分为两类[③]：

高度酒：酒精度41%vol～68%vol；

低度酒：酒精度25%vol～40%vol。

这个标准针对清香型白酒制定，取消了中度酒的说法，从2007年5月1日开始实施。

汉代，中国已开始酿造葡萄酒，但一直未能普及。唐代，由于帝王的喜好，葡萄酒酿制开始勃兴，唐太宗还亲自督造葡萄酒。葡萄酒成为民间常用酒，同时还成为军旅中最受欢迎的物品。至宋代，葡萄酒风行南北。葡萄酒度数不高，大多在11度左右。

现代概念中的白酒，元朝时从境外传入。明李时珍《本草纲目·谷部》：“【烧酒·集解】烧酒非古法也。自元时始创其法。”现代研究者根据蒸馏器的发现，认为唐代已有蒸馏酒出现，于宋元时发展、普及。王赛时不赞同这种观点，他认为把蒸馏酒的出现推移到元代之前，是一种“臆测”。他说：

---

① 王赛时:《中国酒史》,山东大学出版社2010年版,第144页。

② 按照盖·吕萨克酒度(法国化学家盖·吕萨克制定),在温度20 ℃条件下,每100毫升酒液中所含的酒精毫升数,用%来表示,如52%,表示100毫升酒液中含52毫升酒精,即52度。

③《中华人民共和国国家标准:GB/T 10781.1-2006浓香型白酒》《中华人民共和国国家标准:GB/T 10781.2-2006清香型白酒》。

最早引入中国的蒸馏酒酿造法，原是中亚、阿拉伯及欧洲流行的蒸馏葡萄酒法，蒙古人曾借用这种方法蒸馏奶酒。而中国酒界除了引进蒸馏法酿造葡萄酒外，还试蒸谷物酒而获得成功，这是中国人率先发明的谷物烧酒，或称“火酒”“酒露”“汗酒”“气酒”，现代称之为“白酒”。

中国烧酒起源于何时，史家存在过争议。旧史记载均以元代为起点，这是有历史根据的，盖因蒙古人远征中亚、西亚和欧洲，开拓万里，畅通东西，让西方之蒸馏酒法传向中土，为国人所利用。然而近几十年来，一些学者突发其想，试图利用唐宋时期有关“烧酒”的零散史料，臆测元代以前我国已有蒸馏酒生产。这些学者包括研究化学史的袁翰青、曹元宇，也包括某些日本学者。《历史研究》1993年第5期发表过李华瑞《中国烧酒起始探微》一文，在整理前人提供的资料的基础上，又补充了一些新的史料，希望得出唐宋时期中国已有蒸馏酒的结论。笔者随后在《历史研究》1994年第6期发表了《中国烧酒名实考辨》一文，对李华瑞先生提供的资料及其解读一一辨析纠谬，断定唐宋时期的烧酒不属于蒸馏酒范畴。自此之后，学术界就中国烧酒起始问题，无人再提出新的证据及学说。

笔者认为，若要推翻元朝始有蒸馏酒，并证明唐宋时期或更早，在中国就已经出现蒸馏酒迹象，不但要对古时“烧酒”一词的本义进行辨析，同时还必须了解中国古代酿酒业的发展进程，熟谙古代酿造工艺的术语以及酒品的专业名称，如此才能得出正确的判断。尤其是不能站在现代酿酒工艺的角度上去臆测古代酿酒。不了解中国酿酒的历史和工艺演变过程，仅凭唐宋时期的“烧酒”名词和一两件出土的蒸馏器，就进行酒质和酒种的判别，实属草率之举。①

① 王赛时:《中国酒史》,山东大学出版社2010年版,第237页。

明清时，白酒又称烧酒、火酒、老白干、烧刀子等。清中期以后，白酒成为人们主要饮用酒。

酒很早便已商业化，商代姜子牙就卖过酒[①]。《诗经》里有买卖酒的句子，说明春秋时已有卖酒的店铺（也许是小摊贩之类）。《周礼·天官·内宰》说："正其肆，陈其货贿。"店铺叫作"肆"。战国时已有卖酒的店铺[②]，顾客可在其间饮酒。汉代，酒肆兴隆，辛延年《羽林郎》写胡姬当垆卖酒，《史记·司马相如列传》记司马相如与卓文君在四川临邛"买一酒舍酤酒"，可知汉代已多私家酒铺。又《汉书·食货志》："请法古，令官作酒，以二千五百石为一均，率开一卢以卖。"唐颜师古注引三国魏人如淳语："酒家开肆待客，设酒垆，故以垆名肆。"[③]颜师古认为如淳所言非是，"师古曰：'卢者，卖酒之区也。'"此言效法古代，官府造酒，辟出一块区域来卖酒。汉代称卖酒的店铺为"酒家"，《汉书·季布栾布田叔传》"为酒家保"（保，佣工）是其证。《全后汉文》卷九十三载东汉繁钦《嘲应德琏文》："应德温云，昔与季叔才俱到富波，饮于酒肆，日暮留宿。"如果其文不伪，东汉时已使用"酒肆"词语。至南朝，宋刘义庆《世说新语·文学》："裴郎作《语林》……载王东亭作《经王公酒垆下赋》，甚有才情。"王东亭，东晋王珣。东晋把酒肆称为"酒垆"。《南史·颜延之传》记南朝宋颜延之"常日但酒店裸袒挽歌"，出现"酒店"称呼，但《南史》系唐人李延寿撰，不能断定南朝已用"酒店"概念。唐代，"酒肆""酒楼"词语被普遍使用。张谓《同王徵君湘中有怀》诗："不用开书帙，偏宜上酒楼。"韦应物也写有诗《酒肆行》。根据以上材料，东汉时已使用"酒肆"概念，南朝时称酒肆为"酒店"，唐代时有了"酒楼"的称谓。

酒肆的标志，是高悬一面酒旗，写一大大的"酒"字。酒旗颜色或青

---

①《史记·齐太公世家》："吕尚盖尝穷困，年老矣，以渔钓奸周西伯。"《史记·索隐》："谯周曰：'吕望尝屠牛于朝歌，卖饮于孟津。'"

②《史记·刺客列传》："荆轲嗜酒，日与狗屠及高渐离饮于燕市，酒酣以往，高渐离击筑，荆轲和而歌于市中，相乐也，已而相泣，旁若无人者。"《韩非子·外储说右上》："宋人有酤酒者，升概甚平，遇客甚谨，为酒甚美，县帜甚高，然而不售，酒酸。"

③（汉）班固撰，（唐）颜师古注：《汉书》第4册，中华书局1962年版，第1182—1183页。

或白，大小不拘。酒旗又称幌子、酒帘等。未入酒家，已“见”清香。宋徽宗时，画院有次对画师进行考试，以古人诗句为题——“竹锁桥边卖酒家”，众人都在“酒家”上着力，只有李唐一人，画面不见酒家，“但于桥头竹外，挂一酒帘，书酒字而已”，将“锁”字画出[①]。唐时李白去安徽泾县桃花潭，也是被汪伦“万家酒店”的“幌子”诱去的。唐朝杜牧《江南春》：“千里莺啼绿映红，水村山郭酒旗风。南朝四百八十寺，多少楼台烟雨中。”因酒旗飘摆而见山郭之风。白居易《曲江》：“细草岸西东，酒旗摇水风。”写出了长安曲江迷人景色。小小酒旗，承载了诸多文化。

高楼饮酒，能获得不同的审美体验。在古人眼里，高楼代表着一种气象。《古诗十九首·西北有高楼》：“西北有高楼，上与浮云齐。”一种淡淡的茫然感。酒肆到了唐代，显得很红火。长安城酒楼高百尺，酒香四溢。各色人等，只要付银两，都可登楼酌饮。胡姬当垆，是唐代酒楼一大亮色。长安、洛阳、扬州等大城市，都有一些胡人酒店。胡姬是异域貌美女子，体态丰盈，高鼻媚眼，十分招徕顾客。“胡姬貌如花，当垆笑春风”（李白《杂曲歌辞·前有一尊酒行》其二）。人们在外转了一圈，最后来到酒楼，“落花踏尽游何处，笑入胡姬酒肆中”（李白《少年行》其二）。“胡姬招素手，延客醉金樽”（李白《送裴十八图南归嵩山二首》其一）。胡姬为客人上酒，美目流光，“妍艳照江头，春风好客留。当垆知妾惯，送酒为郎羞”（唐杨巨源《胡姬词》）。那种娇羞，使客人酒未入肠，便已有了三分醉意。

唐代酒楼已有歌伎佐饮。除弦歌侑酒外，还兼行陪酒，故而又称“酒妓”。酒妓从年少的，到40来岁的，都有。唐初曾实行宵禁，夜间不得营业。中期以后，宵禁渐弛，夜市开始兴盛。

宋代的酒楼，气象空前。一些大的酒楼，气派豪华。艳女如云，是宋代酒楼的一大特色。几乎每家酒楼，都有不少妓女。大酒楼内，妓女云集，超过百人。这些妓女浓妆艳抹，可歌舞，可陪酒，也可陪宿。凡可嫖妓的酒楼，夜晚都挂出栀子灯（灯如栀子形状），以利辨认。此类酒家，已与青楼无异。

---

① 事出南宋俞成《萤雪丛说·试画工形容诗题》。

宋代酒楼的妓，必须要有“伎”（才能），否则无法立足。“伎”不仅是能歌善舞，还要知诗文，能够很好地传递文学感情。宋词如果失去妓的参与，也就少了婉约风格，最后恐怕也就真的要大江东去了。

宋代允许官员家中蓄伎，禁官员外出嫖妓，禁官员私入酒肆。司法人员，不得参加家伎宴会。去酒楼的，有市民，更有成群的文人墨客。一代文学宋词，吟风弄月，写尽了人间情怨，至今令人低徊咏叹。倘若没了酒与歌妓，宋词的隽美大厦，无以构建，杨柳岸晓风残月的情境，自然也就永远不会产生。

有人喜欢品茶，有人喜欢啜酒，也有人二者兼好。茶使人平静，酒使人热烈。酒是一种妙物，它奇妙地使人获得生理与心理的双重享受，理念世界的精神与现实世界的肉体，不再分离，人似乎回到本能的自由状态，不知不觉进入人性释放的境界。

当酒喝到微醺的时候，人就会进入佳境。忘却了生死，忘掉了一切现实的束缚与压迫，有种飘然若仙的感觉，认为此刻才有真正的自己，不再需要面具，生命也不再脆弱，此刻裸露的，是一个要发泄、要伸张的自由的本来的我。

于是，李白要高力士脱靴，如果再喝晕一点，要皇上脱靴也有可能。苏东坡把酒问青天，几欲乘风归去，回归天阙旧居。李清照沉醉不知归路，误入藕花深处，恍恍惚惚，陶醉于青春的快乐。陶渊明《醉酒》诗“采菊东篱下，悠然见南山”，作为大自然中的一个存在，淡泊自适的心态以及人与自然的亲和，悄然而生。

白居易浔阳江头夜送客，听到琵琶声，“添酒回灯重开宴”，最终有“同是天涯沦落人，相逢何必曾相识”的感叹。这其中酒的推力，毋庸置疑，酒是其中不可缺少的元素。酒一旦喝得高兴，皇帝也会与群臣共舞，唐太宗李世民、唐高宗李治都曾如此（《旧唐书·高宗诸子传》）。酒促成了人的坦诚、开放，使人快乐。“船头酒醒妻儿唤，笑语团圆”（乔占《［中吕］满庭芳·渔父词》）。渔家乐温馨动人。酒可以浇愁，这似乎是个传统，“胸中垒块，故须酒浇之”（《世说新语·任诞》），浇愁的结果，几乎无一例外——“愁更愁”。北宋范仲淹面对“碧云天，黄叶地”，思念故乡，“酒入愁肠，化作相思泪”（《苏幕遮·怀旧》）。酒的功能很多，它还能标示人的身份。魏晋名士风流，无所事事，无需有才，只要“痛饮酒，熟读《离骚》，便可称名士”（《世说新语·任诞第二十三》）。酒的特效功能，是助长豪气。一代女侠秋瑾，“不惜千金买宝刀，貂裘换酒也堪豪”（秋瑾《对酒》）。武松之所以硬着头皮上景阳冈打虎，全仗了那股酒劲。《史记·高祖本纪》述刘邦酒后斩蛇，也是酒长豪气的例子。酒使人的精神处于蓬勃状态，喝晕以后，气壮山河。

东晋王荟曰：“酒正自引人著胜地”（《世说新语·任诞》），这“胜地”就是人的最佳状态：生理的舒适与心理的快意。唐人张说《醉中作》：“醉后乐无极，弥胜未醉时。动容皆是舞，出语总成诗。”酒入佳境，一举一动都是舞，三言两语总成诗。这恐怕是“诗酒人生”的又一写照了。

刘大杰《喝酒》说：

> 微醉者，欲醉未醉之间也。中国古人很懂得此中妙处，曾说过两句话：“美酒饮觉微醉后，好花看到半开时。”（按：宋人邵雍《安乐窝中吟》）这话说得真有理，说得真是深刻。酒饮到微醉，在那里就有诗，就有艺术的情致。……
>
> 酒似乎是中国古今诗人的生命，几乎可以说，没有酒就没有诗。[1]

林语堂《酒令》说：

> 饮酒之乐，尤其是中国文学中所常提到的所谓“小饮”之乐，起初我总视为神秘，不能了解。直到一位美丽的上海女士在她半醉之时，以生花妙舌畅论酒的美德后，我方感到所描写的乐境必是真实不虚。“一个人在半醉时，说话含糊，喋喋不休，这是至乐至适之时。”她说，在这时节，一种扬扬得意的感觉，一种排除一

① 夏晓虹、杨早编：《酒人酒事》，生活·读书·新知三联书店2007年版，第193页。

切障碍力量的自信心，一种加强的锐感，和一种好像介于现实和幻想之间的创作思想力，好似都已被提升到比平时更高的行列。这时好像使人具有一种创作中所必须的自信和解放动力。①

范曾《干一杯，再干一杯》说：

古往今来，在社会学史和文化史上争议最大的事物有三：曰美女、曰金钱、曰酒。前两者不大容易得到，并且危险性大……唯有酒，人人得而饮之。②

梁实秋《饮酒》说：

酒实在是妙。几杯落肚之后就会觉得飘飘然、醺醺然。平素道貌岸然的人，也会绽出笑脸；一向沉默寡言的人，也会议论风生。再灌下几杯之后，所有的苦闷烦恼全都忘了，酒酣耳热，只觉得意气飞扬，不可一世，若不及时知止，可就难免玉山颓欹，剔吐纵横，甚至撒疯骂座，以及种种的酒失酒过全部的呈现出来。……

《菜根谭》所谓“花看半开，酒饮微醺”的趣味，才是最令人低徊的境界。③

酒中真趣，难于尽述，还是《水浒传》形容得好：“醉里乾坤大，壶中日月长。”④

① 林语堂:《生活的艺术》,陕西师范大学出版社2003年版,第185页。
② 夏晓虹、杨早编:《酒人酒事》,生活·读书·新知三联书店2007年版,第72页。
③ 夏晓虹、杨早编:《酒人酒事》,生活·读书·新知三联书店2007年版,第17页。
④《水浒传》第二十八回《施恩重霸孟州道 武松醉打蒋门神》。

园　林

诗与画两者是早期中国景观园林设计的源泉与灵感，它们揭示了人类与其环境之间深层的，并且常常是神秘的关系。

在中国景观园林中，不管建筑多么宏伟壮观，其表现总是谦逊内敛，不抢环境，这是中国景观园林艺术的本质所在①。

唐代的长安（今西安）城南，有一个“乐游原”，地势高，是登临放目的好去处。一日傍晚，李商隐意感不适，驱车乐游原：

向晚意不适，驱车登古原。
夕阳无限好，只是近黄昏。
——李商隐《乐游原》

乐游原在先秦时，是王室贵族的游猎场所，秦代时成为皇家园林，名“宜春苑”。西汉时，称“宜春下院”，属上林苑一部分。汉宣帝时，称“乐游苑”。建乐游庙后，称“乐游原”。至唐代，太平公主将其修置为最大的私家园林，人称“乐游原”或“乐游园”。

“园”又称“苑”，是由“囿”发展而来的。“园林”一词，在汉代出现，东汉班彪《游居赋》：“瞻淇澳之园林，善绿竹之猗猗。”“园林”概念在汉代并未广泛使用。到了晋代，“园林”词语开始流行。此后，人们或称“园林”，或称“园池”“苑囿”“宫苑”“宅园”“园墅”“山庄”等，名称虽

① [英]杰弗瑞·杰里柯、苏珊·杰里柯著，刘滨谊主译：《图解人类景观——环境塑造史论》，同济大学出版社2006年版，第70页。

异，指的却是同一类对象。

从形态上看，园林应具备两大要素：自然景观与人工建筑。所谓“自然”，可以是原始的第一自然，也可以是人化的第二自然。景观主要指予人美感的山、水、石与植物。人工建筑主要包括亭台楼阁、寺观、桥梁、道路、碑石、雕塑等。从功能上看，园林有着游览、祭祀、栖息、休养或其他一些功用，但同时能使人获得美的享受。可以认为，园林是自然景观与人工建筑相结合的具有功能价值与审美价值的场所。

园林的产生与发展，必然是一个从“自然的人化”走向“人化的自然”的过程。发生期的园林，只能在自然的基础上，加入一些人为因素，即以自然为基础，在这个基础上添植树木，增加建筑，一切都依附于自然。发展期的园林，凭借着人的意志与力量，再造自然，也就是所谓的“造园”，在一定的空间内建设一个人化的自然。园林作为人化的第二自然，满足了人的不同层次的审美需求。发展期的园林，不排除“自然的人化”行为，例如一些自然景观园林。一些果园、菜园、苗圃等，仅仅是农作区域，不在园林之列。以建筑为主体的区域，应当进行景观与功能方面的鉴别，避免园林概念、类型的泛化，如果将有建筑、树木而无景观的地方都视为园林，那就几乎没有不是园林的地方了。

中国古代园林的发展，大致可分为三个时期。

一、发展初期

从商周一直到秦汉，是包括发生期在内的中国古代园林的发展初期。

《史记·殷本纪》说，商纣王扩建沙丘[①]，占地面积数十里，这是根据文献资料可以了解到的中国最早的园林雏形，也是中国第一个皇家园林。沙丘是商王及贵族畋猎的地方，以畋猎为乐，它的建设，不以游赏为目的。

①《史记·殷本纪》：“益广沙丘苑台，多取野兽蜚鸟置其中。”沙丘在今河北广宗县境内。

沙丘是园林的源初形式[①]。《山海经》曾描绘了昆仑山的景象，那是战国以后人虚构的神话境界，不应视为皇家园林的萌芽。

周文王也曾建设园林。《诗经》里说周文王建“灵囿”[②]，《孟子·梁惠王下》也提到“文王之囿，方七十里”。皇家园林的空间，一开始就很大。可以说，大空间是皇家园林的传统。周文王在灵囿中种植树木，豢养动物，还筑有高台，叫作“灵台”，用来观察天象、会盟诸侯等，当然也可以登高临远。灵台高2丈，约合今制5米。灵囿中又引水以建“灵沼”（沼，水池），养殖鱼鳖之类，主要用于观赏。灵囿、灵台、灵沼，合称“三灵”。灵囿不仅可以畋猎，还可以赏景，已初具游赏憩息的功能。灵囿虽较沙丘有了新的发展，但仍处于萌芽状态，是以台为主体的萌芽状态的皇家园林。

周代不仅有皇家园林，还出现了私家园林。《诗经·大雅·灵台》毛传：“囿，所以养禽兽也，天子百里，诸侯四十里。”诸侯的“囿”，有等级限制，规模要小得多。周天子一统天下期间，除天子皇室外的诸侯或贵族私园，属私家园林。

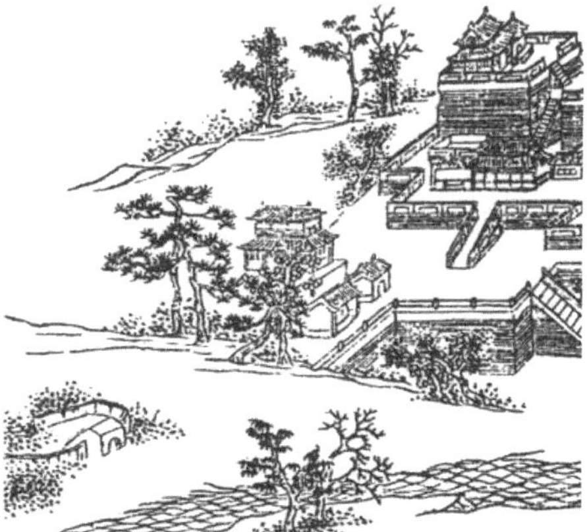

周文王灵台图（局部）[③]

商代甲金文已有“囿”“台”“园”“圃”“苑”等字。囿，表示可种植、

① 汪菊渊《中国古代园林史》第2版上卷（中国建筑工业出版社2010年版，第12页）：“中国的园林是从商殷开始有的，而且是以囿的形式出现的，虽然那时的囿还未曾像周朝那样加以固定的范围。”

②《诗经·大雅·灵台》：“王在灵囿，麀鹿攸伏。”遗址在今西安长安区沣河西岸。

③（清）毕沅：《关中胜迹图志》，张沛校点，三秦出版社2004年版，第193页。

渔猎的一块区域。台，高而平的四方建筑物。台是皇家园林中常见的建筑。园，果园。圃，菜园。园、圃是耕作区域。苑，养禽兽、植林木的区域。根据文献资料，商周以及春秋战国多将园林称为“囿”“台”，很少称为“苑”“苑囿”。“臺”是一种建筑形式，“台”本是“悦”的意思，元代俗字“臺”作“台”，后来简化作“台”。如果园林主体建筑是“台”，一般即以“台”代称园林。至于“囿”，“秦汉时，‘囿’逐渐被‘苑’取代，唯有在‘苑囿’一词中保留了一席之地，其他含有‘囿’的词多表达美化或述古的意义，不再反映当时的园林概念。而‘苑’是秦汉时指称皇家园林最常用的词”[①]。实际上，园林的指称有着多种情况，看园林分类，“不能只看表面上的名称”[②]。

春秋战国时期，礼崩乐坏，天下分裂，周天子名存实亡，各诸侯国成为独立的王国。这时各国君王所建的王室苑囿，可视同皇家园林，诸侯国内的贵族苑囿，应属私家园林。秦汉以后，江山一统，只有皇帝的苑囿才是皇家园林，其余苑囿均属私家园林。

春秋战国的园林营造，在满足畋猎、祭祀等功利目的的同时，注意到人的赏景愿望，开始有意识地满足人的审美需求。

春秋晚期，楚灵王熊虔倾全国之力，在章华[③]建章华台。据北魏郦道元《水经注·沔水》云，章华台“台高十丈，基广十五丈”。这是郦道元根据章华台残存遗迹得出的结论。按北魏尺度换算，北魏1丈等于今制2.96米，则

台高　10丈 = 29.6米≈30米

台宽　15丈 = 44.4米≈45米（长宽各45米）

台高相当于今天10层楼的高度。章华台从灵王元年（公元前541年）开始动工，历时6年完成。从完成时（公元前535年）到郦道元的时代，有1000余年。可以设想，当年章华台的实际高度，超过30米。登章华台，难

① 王其亨、袁守愚：《先秦两汉园林语境下的“囿”与“苑”考辨》，《天津大学学报》（社会科学版）2015年第3期。

② 杨鸿勋：《江南园林论》，上海人民出版1994年版，第81页。

③ 今湖北潜江境内。章华台遗址迄今仍有争议。

免要中途休息几次，故章华台又名“三休台”。三，几次、数次。先秦时“三”多用作虚数。“台”“宫”本指两种不同的实体，战国时即已混用。章华台以台为中心，形成2.2平方公里[①]的区域。区域内有宫殿建筑群，雕梁画栋，富丽堂皇，故章华台又称“章华宫”。楚灵王好细腰，宫内多细腰美女，故又名“细腰宫”。为了得到更好的审美效果，又引汉水入台区，曲水环绕。公元前278年，秦军白起攻陷郢都，章华台毁于一炬。章华台存在期为257年。有学者认为，章华台毁于内乱，实际存在期六年零三个月[②]。

章华台是“楚国历史上最宏伟的超大型王家园林化离宫，是我国帝王园林化离宫的先导”[③]，开后世游宫建筑群和园林建筑群之先河。唐代骆宾王《帝京篇》说：“不睹皇居壮，安知天子尊。”看到章华台，才知道君王的威仪。章华台不再以狩猎为重心，“观游”意识明显，这标志着园林建设已走出萌芽状态，开始步入园林发展的初级阶段。

章华台建成后大约30年，吴王阖闾在都城姑苏建姑苏台。东汉赵晔《吴越春秋·勾践阴谋外传》说，吴王造姑苏台，“三年聚材，五年乃成，高见二百里”。元徐天佑注：“《吴地记》曰：‘高三百丈，广八十四丈。’”[④]春秋战国时，1丈约合今制2.31米，300丈约合今制693米，84丈约合今制194米。高693米，显然是不可能的。姑苏山是一座小山，海拔60来米，即使抛去山的高度，仍有600多米。清雍正年间顾嘉誉《横山志略》批评“台高三百丈”之说过于夸饰，“不审如是”。至于台宽84丈，倒是可能的。

姑苏台工程浩大，阖闾始建，其子夫差扩建。顺山势绵延五里，建系列馆阁，其中就有为美女西施建造的馆娃阁，馆阁间用廊连接，又筑造水池，池中造青龙舟。所有建筑奢华至极，连馆阁排水道都用铜浇铸。

① 1984—1987年，湖北潜江龙湾镇“章华台遗址”发掘，总面积约220万平方米。

② 高介华：《楚国第一台·章华台》（续），《华中建筑》1989年第3期。

③ 高介华：《楚国第一台·章华台》（续），《华中建筑》1989年第3期。

④（汉）赵晔著，（元）徐天佑音注：《吴越春秋》，江苏古籍出版社1999年版，第141页。

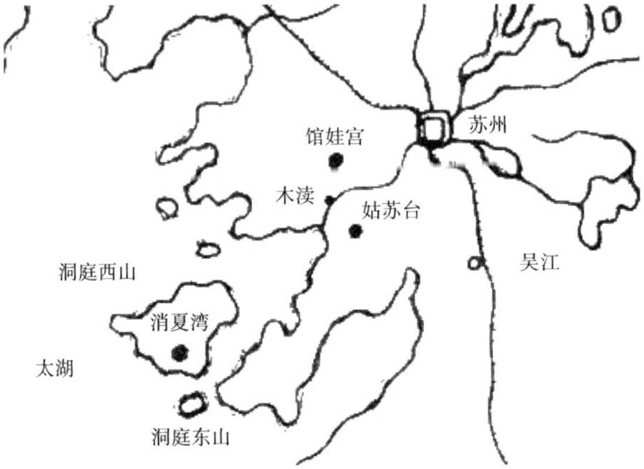

姑苏台位置图①

吴王夫差十四年（公元前482年），越王勾践伐吴，烧姑苏台。残存的姑苏台，汉时尚可登临，唐时已一片荒凉，至宋代，遗迹堙废难寻。姑苏台自吴王阖闾始建，至越军兵燹，历时二十二三年。

姑苏台的建造，耗尽民力，"万人泣道"，民不聊生。其奢华壮丽，极一时之盛。

《吴郡志》引《吴地记》佚文，说吴王"春夏游姑苏台……猎于长洲之苑"，"游"和"猎"已完全分离，姑苏台纯粹是"游"的场所。"台"的主要功能，放目远眺。山林景色之自然景观与馆阁建筑之人文景观相互映衬，使姑苏台成为中国园林史上较早符合现代概念所界定的皇家园林。姑苏台是大型离宫式山地园林，是有着悠久历史的苏州园林的源头，它的出现，为苏州园林提供了历史基点。

中国古代园林发展到秦汉时期，进入园林发展初期的最后阶段。

秦始皇嬴政即位后，开始为自己营建陵园。秦始皇13岁即位，即位后就修建陵园，这在现代人很难理解。秦始皇陵规模宏大，役使劳工70万人，从公元前247年始建，到秦二世二年（公元前208年）最后完工，耗时39年。陵园在骊山北麓，占地总面积约56平方公里。震惊世界的秦始皇兵马俑，就位于秦始皇陵东侧。

① 图片转引自周维权:《中国古典园林史》第三版,清华大学出版社2008年版,第61页。

秦始皇陵在当时叫作“丽山”“丽山园”“丽邑”。“丽山”指陵冢区域；“丽山园”指整个陵区，包括陵寝、其他建筑群及相关区域；“丽邑”指陵区所在辖区。其关系如下图：

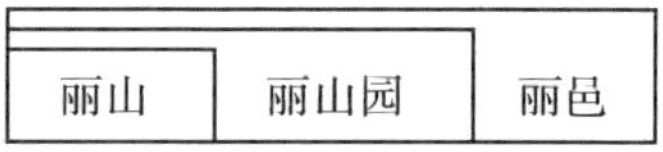

丽山园占地56平方公里，其中鱼池面积约1平方公里。园区内遍植柏树及花草，成群的宫殿、回廊，雄伟壮观，给人以震撼的视觉冲击。《后汉书·光武十王列传》说：“园邑之兴，始自强秦。”秦始皇陵是中国第一座皇家陵园，可惜后来毁于项羽兵祸及牧羊人火炬。

在秦的都城咸阳以南，有一个上林苑。上林苑始建于何时？有三种说法：1.秦始皇时期（《史记》《汉书》）；2.秦惠文王时期（战国）；3.汉武帝时期（清代学者）。上林苑遗址是2004年11月在对阿房宫前殿遗址的考古发掘中发现的，李毓芳认为：“可以确定的是，上林苑在秦始皇统一以前早已存在。”[1]有了考古材料的支持，可以认为：战国时秦惠文王就已营建上林苑，秦统一天下后，秦始皇又予扩建，至汉武帝时，上林苑建设达到顶峰。

关于上林苑的命名，迄今没有确切的解释。上林苑当为“上林之苑”，上林究竟是不是地名，无从考之。

秦代上林苑的范围，亦难确定。南宋程大昌《雍录·苑囿》“上林疆境”条：“秦之上林，其边际所抵，难以详究矣。”[2]西汉武帝时，拓展面积，东西直线长约100公里，南北直线长约25公里，计2500平方公里。抛去长安城面积40平方公里，上林苑实有面积约2460平方公里。如此大的面积，在世界园林史上，仅此一例。著名的英国现代景观设计师杰弗瑞·杰里柯说：中国“一些景观园林作品规模之大，几乎难以理解”[3]。

① 李毓芳：《战国秦上林苑遗址发现流水景观——阿房宫考古队新发现》，《文史知识》2005年第2期。

② 王学理《“阿房前殿”与“前殿阿房”》（《文博》2017年第1期）：（秦上林苑）“南北纵长5公里，横宽3公里，占地约15平方公里，其间有建筑与湖泊遗迹穿插分布。”笔者按：阿房宫前殿遗址，在此区域内。疑秦上林苑范围不止15平方公里，汉皇拓展范围，不可能陡长160余倍。

③ [英]杰弗瑞·杰里柯、苏珊·杰里柯著，刘滨谊主译：《图解人类景观——环境塑造史论》，同济大学出版社2006年版，第70页。

秦在上林苑还施工建造阿房宫。“阿房宫”以前多读作“ē páng gōng”，中国社会科学院学部委员刘庆柱与中国社会科学院考古研究所研究员、阿房宫考古队队长李毓芳认为，应读“ā fáng gōng”：“现在西安西郊秦阿房宫遗址附近还有个村庄——阿房宫村，当地老百姓读‘阿房宫村’的‘阿房宫’为‘ā fáng gōng’，两千多年前当地人是不是也是这样的土音，无法考证。”[①]2002年10月至2004年12月，阿房宫考古队经过密集勘探与重点发掘，得出阿房宫并未建成的结论。当年项羽兵入咸阳，火烧咸阳宫，后世误作阿房宫。

西汉时，武帝倾力扩建上林苑。据《长安志》引《关中记》文：“上林苑，门十二，中有苑三十六，宫十二，观二十五。”苑有专供游玩的宜春苑等，宫有用于曲乐演奏的宣曲宫等，观有摔跤竞技的平乐观等。又有池十五[②]，如有珊瑚树的积草池等。上林苑的池别有特色。昆明池模拟云南滇池，面积约14平方公里。昆明池将滇池微缩到上林苑，再现出一个人造湖泊。太液池中，有三个堆砌的岛屿，用来象征瀛洲、蓬莱、方丈三座仙山。早在秦始皇长安兰池宫中，就有池中筑岛以像仙山（瀛洲、蓬莱）的做法[③]。中国园林的人造假山，是从秦始皇时开始的。兰池宫池中筑岛是一种初始行为，汉武帝时固定为“三山”。植物方面，上林苑又将“名果异卉三千余种植其中”[④]，四季不失青翠。作为超大型的皇家园林，上林苑是中国历史上大地园林化的第一次实践，尽显汉家气魄。它的宏大格局，为后世皇家园林提供了参考。它所完善的一池三山模式，也对后世皇家园林的水体景观设计，产生了深远影响。

西汉末年，上林苑遭王莽拆毁，后又遇赤眉军战火，上林苑满目疮痍。东汉时，上林苑已一片荒凉。

---

① 刘庆柱、李毓芳语，见冠雄、紫燕：《阿房宫从未建成过》，《青年科学》2010年第9期。

② 刘庆柱辑注：《三秦记辑注　关中记辑注》，三秦出版社2006年版，第59页。

③（清）顾炎武：《历代宅京记》（于杰点校，中华书局1984年版，第43页）：“《汉书》：渭城县有兰池宫……《秦记》云：始皇引渭水为池，筑为蓬、瀛。”

④（清）顾炎武：《历代宅京记》（于杰点校，中华书局1984年版）第74页：“帝初修上林苑，群臣远方各献名果异卉三千余种植其中，亦有制为美名，以标奇异。”

汉代的私家园林，追风皇苑。巧设廊阁，构石为山，遍植花木，引水入园，以人造景观满足审美需求，成就了私家园林的基本模态：造山、引水（筑池）、植树、建阁。《西京杂记》卷三述富人袁广汉私园："构石为山高十余丈，连延数里……奇树异草，靡不具植。"《后汉书·梁统列传》载梁冀"广开园囿，采土筑山，十里九陂，以像二崤[①]，深林绝涧，有若自然，奇禽驯兽，飞走其间"。袁广汉与梁冀的私园，堪称汉时私家园林的代表。

发展初期的园林，包括了园林的萌芽以及园林模式的形成。大空间、大建筑成为皇家园林的传统。私家园林这时也已产生。

二、发展中期

从魏晋六朝到唐宋，是中国古代园林发展的中期。

魏晋六朝是中国历史上一个特殊的时期。宗白华说：

> 汉末魏晋六朝是中国政治上最混乱、社会上最苦痛的时代，然而却是精神史上极自由、极解放，最富于智慧、最浓于热情的一个时代。因此也就是最富有艺术精神的一个时代……这几百年间是精神上的大解放，人格上思想上的大自由。人心里面的美与丑、高贵与残忍、圣洁与恶魔，同样发挥到了极致。这也是中国周秦诸子以后第二度的哲学时代，一些卓超的哲学天才——佛教的大师，也是生在这个时代……八王之乱、五胡乱华、南北朝分裂，酿成社会秩序的大解体，旧礼教的总崩溃、思想和信仰的自由、艺术创造精神的勃发，使我们联想到西欧十六世纪的"文艺复兴"。[②]

社会的混乱与原有社会秩序的解体，使人的思想获得极大的自由。政治的险恶以及对社会的无奈，迫使文人将精神专注从仕途转向自然。在山

---

① 崤山，东西二崤。

② 宗白华：《美学散步》，上海人民出版社2005年版，第356、357页。

林中他们发现了美，这种美逐渐成为生命的需要，成为人生渴求的审美对象。又由于玄学（儒释道思想的糅合，以道家思想为核心）对“自然”的肯定，对山林的欣赏于是从开始的被迫转为自觉的追求，寄情山水也从开始的精神觉醒逐渐发展为社会普遍的文化走向。

寄情山水，在多方面得以表现，其中以文学、绘画以及园林最为突出。

园林可以浓缩自然风光，在一定的空间内实现人的山水构想，于是，营造具有诗情画意的“第二自然”的私家园林大量出现，游园、爱园、评园、品园成为风靡一时的社会时尚。

园林开始向精致的小型化发展。独具匠心的叠山理水以及植物、建筑的巧妙分布，使园林艺术告别了稚朴状态。写意与写实相结合的园林景观，成为园林营造的本质要求。园林从形态到艺术都提高到一个崭新的层次。

真山真水，以及造景的自然逼真，这是“写实”。仿某山某水，用假山假水[①]以及借景观表现立意寄托，不拘守形貌的逼真，这是“写意”。臆造的自然力求活脱，不能死气。写实与写意其实并不互斥，二者可以并存，只不过在设景上有一个以何为主的取向罢了。

大量寺观园林的出现，是这一时期的特殊现象，这是佛、道思想盛行的结果。寺观园林的建设，或依平地，或傍山林，有着浓厚的宗教文化气息。

这一时期的北方私家园林，如北魏洛阳张伦的宅园，构石为山，有若自然，使人“游以忘归”。南方私家园林，如南朝宋刘诞的私园，穷极工巧，名冠一时。梁武帝之弟萧绎的湘东苑，构思精妙，移步换景。

寺观方面，佛寺园林众多，“南朝四百八十寺，多少楼台烟雨中”（唐杜牧《江南春》）。佛教的活动场所叫寺院，六朝时，寺院园林化者甚多，如北魏洛阳寿丘里的河间寺，殿庑绮丽，高树挺拔，沟渠蜿蜒，绿萍红荷，置身其中如入仙境。道观园林如北魏太武帝太延元年（公元435年）始建的恒山北岳庙建筑群，倚山峭壁，天下称奇。唐代诗仙李白题写“壮观”二字的石碑，至今仍在恒山翠屏峰上。

道观建设，始于汉代。道家建筑，北朝时被称为“观”。唐代时道观建

① “假水”从仿真角度而言，如仿西湖、仿昆明湖、仿飞瀑流泉。

筑达到顶峰，除去个人舍宅为观的数字，全国各地道观近两千座。道教崇尚自然、信奉神仙，道观因此大多建于山林幽深处，山壑、秀木、殿阁交相映衬，远远望去，宛若神仙居所。

魏晋六朝的皇家园林，著名的如建康（今南京）华林园[①]。建康华林园前身为三国吴宫苑，东晋时定名“华林园”，后经历代扩建修葺，蔚为大观。华林园历经六朝，“互有构造，尽古今之妙”[②]。隋灭陈时，华林园被夷为平地。

华林园山奇水秀，景色宜人。树木葱茏，花香袭人。又有靓女绰约，嬉笑凭栏，亦成园中一景。楼宇巍峨，用桥廊空中跨接。另有“逍遥亭”结构华丽，堪称一绝。北魏郦道元《水经注·渐江水》曾提到会稽山阴之“兰亭”，王羲之曾作《兰亭集序》。邮递驿站性质的亭，已演变为游憩观赏性质的亭。园中之亭，最早见于杨衒之《洛阳伽蓝记》关于洛阳华林园“临涧亭”的记载。南朝时，园中建亭已很普遍。建康华林园逍遥亭的形制已无稽可考，《大业杂记》说它“八面合成，结构之丽，冠绝今古”[③]。唐以后，亭成为园林的构件之一。

华林园景观处处，诗难咏其状，画难尽其美，成为天下第一的游憩胜地。南朝时，梁武帝萧衍聚天下才学之士于华林园，编撰类书《华林遍略》，对中国古代类书的编撰产生了巨大影响。由帝王诏令，在皇家园林进行大型学术活动，这是首例。

魏晋六朝的玄学思潮，影响了园林的营造，中国园林从此走上精心再现自然美的创作道路，园林确确实实成为人的精神理念的物化形态：文学的、美术的、哲学的、美学的以及宗教的。

隋炀帝杨广，对原有的宫殿不满意，于是找来天下山川地图，亲自察看。

---

① 洛阳、邺下亦有“华林园”。

② （唐）许嵩撰，孟昭庚、孙述圻、伍贻业点校：《建康实录》，上海古籍出版社1987年版，第331页。

③ （唐）杜宝撰，辛德勇辑校：《大业杂记辑校》，三秦出版社2006年版，第14页。

他开始大兴土木，建造宫苑，“无日不治宫室”[①]。东都洛阳西苑（唐代更名为“东都苑”）体现了杨广的意志，规模宏大，面积仅次于汉代的上林苑。

西苑的营造，无所不用其极。苑内水网发达，凿五湖，每湖方十里，又凿北海，周长四十里，深数丈，海中建蓬莱、方丈、瀛洲诸山，高出水面百余尺，山上有宫观台榭回廊。山上的亭子可以升降（机巧迄今未明）。苑中又有龙鳞渠，阔二十步[②]，可行船，水面架桥，桥头植杨柳修竹，沿水道有十六宫殿，每殿为中心又构成单独园林，形成了“园中园”，首创中国园林集锦式格局。利用水渠串联景点，别开生面，颇具匠心[③]。

西苑的组景手法以及新颖的水体规划，既满足了游憩的功能需要，又给人以审美的享受。恢宏奇巧的群体建筑和叹为观止的园林绿化，体现了人的理念、智慧与力量。在园林艺术化方面，西苑代表了一个新的高度。

唐代皇家园林，以华清宫为代表。华清宫，位于长安临潼骊山北侧，内有温泉汤池，称华清池，故常以华清池代称华清宫。华清池始建于秦始皇时，名“骊山汤”，汉武帝时曾予修缮。三国以降，华清池屡遭兵燹，满目凄凉。北魏时重建，焕然一新。隋文帝杨坚扩建骊山行宫，植松柏千余株。唐太宗李世民再扩建，赐名“汤泉宫”。唐高宗李治将“汤泉宫”改名“温泉宫”。唐玄宗李隆基时，又行营建整新，更名“华清宫”，温泉汤池称“华清池”。华清池水质纯净，常年恒温在43摄氏度。公元745至755年的每年农历十月，唐玄宗都要携杨贵妃及其姊妹驾临华清池，“春寒赐浴华清池，温泉水滑洗凝脂”（白居易《长恨歌》）。

骊山松柏茂盛，青翠欲滴。根据温泉位置兴建宫殿，以实用为上。华清宫面积约0.6平方公里，方形布局，建筑群倚山傍势，错落而又规整。据传世《唐骊山宫图》（元李好文摹绘）看，整个骊山苑区范围很大，建筑物也有很多。

---

① 宋代司马光《资治通鉴》第3册（岳麓书社1990年版，第351页）：“帝无日不治宫室，两京及江都，苑囿亭殿虽多，久而益厌，每游幸，左右顾瞩，无可意者，不知所适。乃备责天下山川之图，躬自历览，以求胜地可置宫苑者。”

② 两脚各跨一次为步，相当于今天的两步。隋唐一步约合今制1.5米。

③ 西苑种种，参考唐杜宝《大业杂记》与唐佚名《隋炀帝海山记》。

华清池原大门　摄于1954年[①]

（清雍正）袁江《骊山避暑图》（局部）[②]

安史之乱后，帝王很少去华清宫，若临驾华清宫，会遭大臣谏阻。《资

① 赵力光主编:《古都沧桑——陕西文物古迹旧影》,三秦出版社2002年版,第344页。

② 国家文物局:《中国文物精华大辞典·书画卷》,上海辞书出版社1996年版,第402页。

治通鉴》卷第二百四十一载，唐宪宗元和十五年（820年）冬十月，宪宗要去华清宫，群臣切谏，"谏官伏门下，至暮，乃退"[①]。唐敬宗宝历元年（825年）冬十一月，敬宗要去华清宫，遭大臣屡谏，结果敬宗只好以体验为由，跑了一趟。

华清宫渐趋冷落。唐代宗大历二年（767年），宦官鱼朝恩为修建章敬寺，拆毁华清宫楼榭[②]。宋代时，华清宫一片荒芜。

唐玄宗李隆基与贵妃杨玉环的凄美爱情故事，历代文人的唏嘘喟叹，骊山宫馆的盛极而衰，使华清宫积攒了太多的哀怨。华清宫的身影沉浮在历史的记忆中，成为文学艺术中的悲剧符号。"只今唯有温泉水，呜咽声中感慨多"（张继《华清宫》）。"一曲羽衣听不尽，至今遗恨水潺潺"（吴融《华清宫》之二）。江州司马白居易，《长恨歌》一首，更是把李杨悲情推向极致。唐玄宗晚年面对孤灯，形影相吊，与挚情所爱，"一别音容两渺茫"。迟迟钟鼓，老泪纵横。"天长地久有时尽，此恨绵绵无绝期"。"恨"留给了华清宫，留给了历史，也留在了后世文人的心头。

唐皇家园林还有三苑（西内苑、东内苑、禁苑）、大明宫、兴庆宫等。

私家园林方面，隋代有位于绛州城（今山西运城新绛县）西北隅绛州衙署后部的"绛守居园池"，又名"莲花池"，是国内现存唯一的隋代园林。园池由绛州太守梁轨于隋开皇十六年（596年）设计营造。绛州多旱，井水多卤碱，梁轨于是开渠十二，从三十里外的"鼓堆泉"引水，用于农田灌溉与百姓饮用，同时引水入园，蓄为池沼。园池内楼阁古柏，相映成景，山水花卉，清雅怡人。北宋范仲淹《居园池》咏其"静境合通仙，清阴不知暑"，唐朝韩愈的好友绛州刺史樊宗师写有《绛守居园池记》，详述园池种种，是研究该园的最佳资料，然用字生僻，奇涩难懂。

---

① （宋）司马光：《资治通鉴》第4册，岳麓书社1990年版，第237页。

②《新唐书·鱼朝恩》："朝恩有赐墅，观沼胜爽，表为佛祠，为章敬太后荐福，即后谥以名祠，许之。于是用度侈浩，公坏曲江诸馆、华清宫楼榭、百司行署、将相故第，收其材佐兴作，费无虑万亿。"

绛守居园池嘉禾楼[①]

绛守居园池以水景取胜，总体设计立足于视觉的纯审美追求，是六朝山水自觉的发展结果，同时也是隋代山水园的典型代表。该园现存面积约十九亩，是中国衙署园林中难得一见的实例。

唐代有不少私家园林，白居易的履道里宅园，可视为唐代私家园林的代表。

白居易52岁那年（824年），在洛阳履道里购田氏宅（曾为朝廷官员杨凭故居），开始营建宅园，耗时六年完成（其间有停滞）。白居易最后的18年，在洛阳度过。履道里宅园面积不大，17亩，住宅、园林结为一体，其中居室占总面积三分之一，园林面积约占11～12亩。在这个空间里造园，首先要避免拥塞、堆砌的败笔，要满足生活、娱情、休闲与观赏的需要，布局、设景是关键。白居易于是在园林设粮仓、凿水池，池中建三岛，水上架桥，水中植莲，又以一叶扁舟置池中，环池栽修竹，有鹤徜徉。要读书，于是有书库。友人相聚，要抚琴，于是有琴亭。园中应有休憩处，于是有方长青石，可坐卧。园不大，水体为主，多景观，设施全，不拥挤，给人以疏朗的视觉空间感。白居易很满意，“优哉游哉，吾将终老乎其间”（《池上篇》）。

履道里宅园充满诗意，构景如画。园中景物，是白居易的精神载体。修竹保持着正直与气节，莲蕴含着清雅高洁，菱象征着刚正不阿，鹤则“不鸣则已，一鸣惊人”。宅园是白居易的自由天地，是他的自然山水，更

① 图片转引自刘庭风：《山西园林show（五）绛守居园池》，《园林》2010年第9期。

是迎合他人生态度的生存空间。

白居易履道里的园林意象，表明文人园林已走向精致高雅、饱含人文的道路，园林已成为人的精神家园。

隋唐寺观园林众多，以长安为甚。佛寺园林如长安慈恩寺等，道观园林如长安唐昌观等。

唐代园林与此前园林最大的不同，在于园林功能价值与审美价值的主次区别。审美价值屈从功能价值，以功能需求为前提，在功能实现的基础上，而后才产生可能引发的美感，这是唐以前园林功能至上的状况。唐代的园林（如白居易履道里宅园），开始以审美需求为前提，即在审美的考量下，对园林元素作出取舍、安排，功能价值顺应审美标准，意境营造成为先决理念，这无疑是中国古代造园史上的一大进步。

宋代皇家园林，首推宋徽宗赵佶营建的寿山艮岳。

艮岳位于汴京（今开封）东北，宋徽宗政和七年（1117年）始建，宣和四年（1122年）基本完工，历时六年。园中以山为主体，南有寿山，北有万岁山，以万岁山为主。万岁山后更名“艮岳”。山岳冠之以“艮”，有两种说法：一种说法认为“艮”与八卦有关，“艮”系八卦之一，位主东北，卦象为山。艮岳即皇城东北处的高山。另一种说法，认为与道教神霄（神仙）有关。徽宗信奉道教，因诗有“艮岳排空霄”句，故更名“艮岳”[①]。人们谈及该苑，或称“艮岳”，或称“寿山艮岳”，也有称“阳华宫”的。

宋徽宗是诗画高手，他要凭借帝王的权力，打造一个浓缩的理想天地，一个本于自然而又超越自然的新型园林。他把诗情灌注园中，以实物绘制他的构想。景物、景观怎样才能具有诗意？怎样才能交织如画？这需要文学与艺术的才华，更需要精心的策划。宋徽宗亲自设计，按图施工。经过劳民伤财的六年努力，他亲手绘制的蓝图终于实现，一个“天造地设，神

①《宋史》志第三十八《地理一》：“宣和四年，徽宗自为《艮岳记》，以为山在国之艮，故名艮岳。蔡絛谓初名凤凰山，后神降，其诗有‘艮岳排空霄’，因改名艮岳。宣和六年，诏以金芝产于艮岳之万寿峰，又改名寿岳。蔡絛谓南山成，又改名寿岳。岳之正门名曰阳华，故亦号阳华宫。”

谋化力，非人所能为者”（《御制艮岳记》）的仙境出现在人间。

艮岳奇石叠山，流水成瀑，草木清新，蝉噪鸟鸣，又有栈道排空，周环曲折。各地名胜，也被缩移到园中，“括天下之美，藏古今之胜”（僧人祖秀《华阳宫记》）。满目奇美，终成绝响。

靖康元年（1126年），也就是艮岳建成四年后，金兵围宋，汴京大乱，艮岳被宋军民拆毁，狼藉一片，景致无存。

最高统治者亲自设计园林，这在世界上绝无仅有。艮岳的艺术构思，对后世的造园设景有一定的启示，最为重要的，是它完成了从实用到审美的质的转变。

艮岳的一切，服从于审美的原则，是纯粹以审美为目标而营造的园林。中国园林以审美为先决条件，实用功能须在审美观的指导下得以实现，这种造园准则，是由艮岳完成并定型的。整个园林摹写自然，巧夺天工。亭桥楼阁等人工设施，集建筑技艺之大成，形象精美却“不抢环境”，成为壶中天地的组成部分。艮岳是园林之功能第一与审美第一的界碑，意境营造、艺术至上从此成为中国园林的发展方向。

宋代有很多私家园林，浙江绍兴沈园因陆游与唐婉的凄美爱情故事，成为饱含人文色彩的名园。

沈园始建于南宋初期，又名沈氏园，初建时面积70余亩，当时即已著名。每逢春季，沈园对外开放，任人游览。南宋高宗赵构绍兴二十一年（1151年），陆游在沈园遇见前妻唐婉，作题壁诗《钗头凤》：

> 红酥手，黄縢酒，满城春色宫墙柳。东风恶，欢情薄。一怀愁绪，几年离索。错、错、错。　春如旧，人空瘦，泪痕红浥鲛绡透。桃花落，闲池阁。山盟虽在，锦书难托。莫、莫、莫。

唐婉见后，吟之肠断，和《钗头凤》一首：

> 世情薄，人情恶，雨送黄昏花易落。晓风干，泪痕残，欲笺心事，独语斜栏。难、难、难。　人成各，今非昨，病浑常似

秋千索。角声寒，夜阑珊，怕人寻问，咽泪装欢。瞒、瞒、瞒。

唐婉因此抑郁成疾，不久香消玉殒，含恨而去。而沈园成了千古伤心地，每值细雨蒙蒙，秋风飒飒，只要踏入此园，一种难言难忍的凄怨袭上人的心头。

太平天国时，沈园毁于一炬。20世纪50年代，沈园传人沈兴仁将清代沈园平面图捐赠国家。1985年后，沈园先后三次再建，面积已达57亩。

宋代也有很多寺观园林，著名的如杭州西湖灵隐寺等。宋代的寺观园林，已“由世俗化进而达到文人化的境地，它们与私家园林之间的差异，除了尚保留着一点烘托佛国、仙界的功能之外，基本上已完全消失了”[①]。

魏晋南北朝时，寺观园林已具有公共园林的性质。唐宋时期的寺观园林，有不少已成为公共园林。非寺观园林方面，隋唐时长安东南的曲江园林，是名副其实的公共园林。曲江园林以曲江池[②]为中心，另有景观杏园、慈恩寺（大雁塔）、青龙寺等。杭州西湖在唐宋时已成为大型公共园林，扬州瘦西湖在宋代也是听民游乐的自然公共园林。值得一提的是，今山西太原西南悬瓮山脚下的晋祠，唐宋时是一个开放式园林。山西简称晋，旧称三晋，太原旧称晋阳。晚清晋阳乡绅刘大鹏在其所著《晋祠志·流寓》中说：

> 三晋山水之美，莫胜于晋阳，而晋阳山水之美，莫胜于晋祠。晋祠在山水之间，为境美，为景美，而古今骚客游人共欣赏其美，为不虚矣。[③]

晋祠在北魏时叫“叔虞祠”“晋王祠”，北齐时称“晋祠”，还有其他多种叫法。晋祠始建于北魏之前，经唐宋修葺扩建，焕然一新。最早的晋祠记载，见于北魏郦道元《水经注》卷六“晋水”条，言周唐叔虞祠“晋川之中，最为胜处”。北魏祖鸿勋也写有《晋祠记》，唐太宗李世民又亲撰《晋祠之铭并序》，刻于碑石。晋祠迄今保存完好，以祠庙建筑群为主体

① 周维权:《中国古典园林史》第3版，清华大学出版社2008年版，第327页。

② 曲江池南为皇家禁苑芙蓉池。

③（清）刘大鹏著，慕湘、吕文幸点校:《晋祠志》，山西人民出版社1986年版，第463页。

（不属于寺观园林），是古建筑研究者的必访之地。山环水绕，古木参天，飞鸟鼓翅，画栋飞梁，步入晋祠，历史幽深感扑面而来，发思古之幽情，非亲历而不可得。

发展中期的中国古代园林，开始重情调、重意境，这是深层次审美意识的反映。经过这一时期的造园实践，中国园林从此进入“写意”的新的发展阶段。

三、发展后期

元明清是中国古代园林的发展后期，写意园林发展至高潮。

写意，披露心意，抒写心意。“写意”一词用于绘画，指作品重于“意”而不拘泥于对象的外形（可参考本书“绘画”所论），“注重神态的表现和抒发作者的情趣”[①]。象征、夸张、变形，是写意画的常用手法。“写意”用于园林，指园林造景要有“意境”，而不是单纯地写实与追求形似。这里又牵涉到“意境”。《现代汉语词典》对意境的解释是：“文学艺术作品通过形象描写表现出来的境界和情调。”[②]所谓园林写意，即指园林通过象征等艺术手法移天缩地，表现出一定的“境界和情调”，引发人的精神思考或审美感触，而不是死板地模拟自然，使园林沦为仅仅貌似自然的无灵魂躯壳。

1271年，忽必烈正式建立大元，定都大都（今北京）。元大都由三个方城组成：宫城、皇城（内城）、外城。宫城即皇宫区域，在皇城之内。皇城指围墙内的皇宫及皇族居住区域，位于大都南部中央，以太液池（包括今天的北海、中海）为中心。外城即整个城区。其关系如图：

①《现代汉语词典》第5版，商务印书馆2005年版，第1508页。

②《现代汉语词典》第5版，商务印书馆2005年版，第1618页。

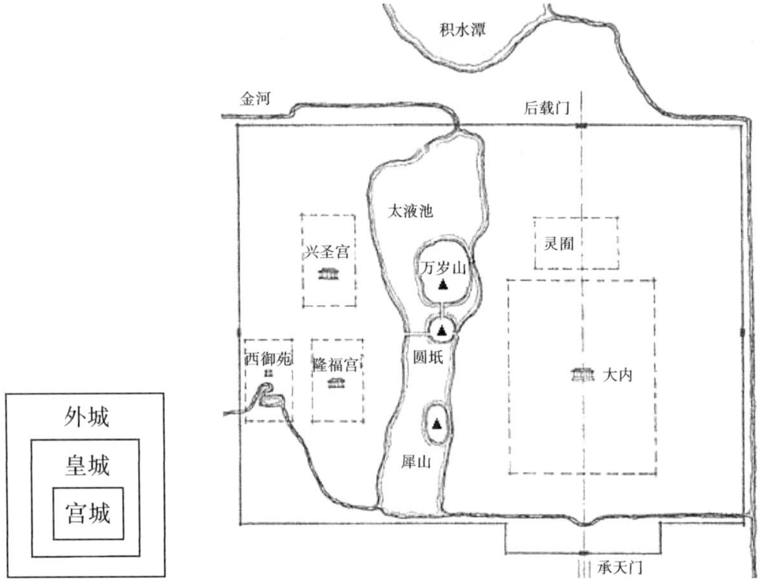

元大都皇城平面示意图①

元大都水体称为海子，元至正八年（1348年），将南面的水体正名为太液池，在皇城内。北面的水体叫积水潭（包括今天的前海、后海、西海），在皇城外。太液池“海广可五六里”②，有三岛，南面瀛洲岛（又称圆坻，即今团城）与犀山，较小。北面琼华岛，较大。琼华岛是金代的命名，元至元四年（1267年）改称万岁山，至元八年（1271年）又改称万寿山③。太液池成为皇城内苑，亦称上苑（明代时称西苑）。太液池东为宫城（又称大内），系明清皇宫紫禁城的前身。

太液池遍植荷莲，沿岸栽林木。万岁山高数十丈，奇石堆叠，松桧隆郁。山顶建广寒殿，高五十尺（约合今制16米）。以二百尺白玉石桥连通圆坻。整个苑区，秀若天成。登广寒殿远眺，胜景如画，美不胜收。

元代很少新建皇家园林，太液池一带的建设，是在前朝旧有的基础上

---

① 图片转引自周维权：《中国古典园林史》第3版，清华大学出版社2004年版，第360页。

② (明)失名、萧洵:《北平考 故宫遗录》，北京古籍出版社1983年版，第74页。

③ 元代陶宗仪《南村辍耕录》（文灏点校，文化艺术出版社1998年版，第292页）：“万寿山在大内西北太液池之阳，金人名琼花岛，中统三年修缮之，至元八年赐今名。其山皆叠玲珑石为之，峰峦隐映，松桧隆郁，秀若天成。”

整建而成的。私家园林与皇家园林的活动形成反差，私家园林建设并未因元朝民族制度而停滞不前。

元代私园，多以“园亭”称之。元大都园亭，多在丰台、草桥一带。这两地杨柳繁茂，“土脉卑湿，大类江南，凡都门一切南北四时花木，皆于此种植颇繁”[①]。著名的万柳堂，据说就建在丰台与草桥之间。

万柳堂“园内种植名花近万株，号称京城第一。这个别墅园既是廉希宪致仕后颐养休闲之所，也是当时的公卿名流经常宴饮聚会之地……时人多有诗文咏叹其宛若仙境之景观”[②]。

万柳堂在明代万历年间已经圮废，仅存遗迹。至明末已踪迹难寻。关于万柳堂的主人、地址以及它与廉园[③]的关系，多有异说，迄今莫衷一是。

江南杭州、扬州、苏州、太仓（元时称娄东）一带的私家园林，变得越发清雅精巧，与皇家园林的恢宏气势形成鲜明的对比。

“江南园林甲天下，苏州园林甲江南。”[④]苏州园林有四大名园：宋代沧浪亭、元代狮子林、明代拙政园、清代留园。

狮子林位于今苏州城区东北角。至正元年（1341年），高僧天如禅师维则来苏州讲经。翌年，弟子们购地置屋，为天如禅师建禅林，面积十亩左右。天如禅师曾在浙江西天目山狮子岩受业于中峰和尚，为纪念师承关系，命名为“师子林”（又名师林寺）。古代“师”“狮”相通，“师子”既表明佛徒衣钵，又切中受业之地，同时暗合佛经中佛陀座席“狮子座”。至正十二年（公元1352年）师子林易名“菩提正宗寺”，又名“狮子林”。禅师维则写有《狮子林即景十四首》，叙园中景象，其十三云：

鸟啼花落屋西东，柏子烟青芋火红。
人道我居城市里，我疑身在万山中。

---

①《谢国桢全集》第4册，北京出版社2000年版，第200页。

② 周维权：《中国古典园林史》第3版，清华大学出版社2008年版，第410页。

③ 廉氏家族的别墅。

④ 1961年，陈从周在《留园小记》中说：“‘江南园林甲天下，苏州园林甲江南’（前人未曾说过，是我所概括）。”详见陈从周：《园林清议》，江苏文艺出版社2005年版，第96页。

明洪武六年（1373年），著名画家倪瓒作《狮子林图》，狮子林名声大振。清康熙帝玄烨南巡，亲临狮子林，赐题匾额“狮林寺”。清乾隆帝弘历偏好狮子林，六下江南均游狮子林，作诗十首，赐匾额三块：镜智圆照、画禅寺、真趣。乾隆三十六年（1771年），在颐和园长春园东北角仿建狮子林，又令苏州织造把狮子林形貌按比例缩小做成烫样，在承德避暑山庄参照模型建文园狮子林。

狮子林是中国现存唯一的禅意园林，建筑命名均有禅宗寓意。园中多怪石，达500座，状如狻猊，隐喻五百罗汉。假山高十几米，分上中下三层，象征人生三境界。峰峦众多，以狮子峰为最高。虽为禅园，但无佛殿造像，亦无奇花异草。修竹茂密，房舍掩映其间，以廊相连。中部为水池，植莲荷，有鱼从容。园林写意的结果，使狮子林成为修身养性、参禅悟道之清幽境地。

维则谢世后，弟子散去，园林荒芜。狮子林后来几易其主，几经荒废，又几度重建。1917年，上海巨商贝润生购得狮子林，成为狮子林最后一代园主。贝氏重建狮子林，增添景点，又施以钢筋水泥西洋建筑以及彩色玻璃，试图中西合璧，结果形成败笔。今天所见狮子林，与倪瓒画中景貌，相去甚远。陈从周批评现在狮子林中小径，并不能给人曲径通幽的感觉，而是“故作曲折，使人莫之所从，既背自然之理，又多不近人情。因此矫揉做作，与自然相距太远的安排，实在是不艺术的事”[①]。给中国园林穿西装，现在屡见不鲜。陈从周感慨道：

> 泰山松在泰山本有其历史意义，今日却在泰山种了外国雪松，让泰山换上了西装！[②]

特别是上海大观园照壁浮雕戴乳罩的十二金钗，把中国文化糟蹋得不伦不类，难怪陈从周气得捶胸大骂了[③]。

---

① 陈从周：《梓翁说园》，北京出版社2004年版，第77页。
② 转引自张振宇：《陈从周教授的脾气》，《中国园林》2010年第4期。
③ 详见张振宇：《陈从周教授的脾气》，《中国园林》2010年第4期。

不知从何时起，狮子林有了假山王国的美誉。对狮子林的假山叠石，毁誉不一。童寯认为：

斯园主体，全在叠山，堆凿鬼工，湖石奇绝，盘踞蜿蜒，占全园之半。惜屋宇金碧，失之工整。[①]

刘敦桢则认为：

池中假山，轮廓琐碎，叠石零乱，缺乏自然感，仅以洞壑盘旋出入的奇巧取赏。[②]

杨鸿勋认为，狮子林假山的迷宫设计是成功的，但对于表现深山幽谷的自然景象来说，则是矫揉造作的[③]。

狮子林问梅阁[④]

2000年11月，狮子林被列入《世界文化遗产名录》：

联合国教科文组织遗产委员会于1997年在意大利那不勒斯举行的第21届会议上根据文化遗产遴选标准C（Ⅰ）C（Ⅱ）C（Ⅲ）C（Ⅳ）C（Ⅴ）一致通过了把拙政园、留园、网师园、环秀山庄四处园林作为苏州古典园林的例证列入了世界文化遗产。

① 童寯：《江南园林志》第2版，中国建筑工业出版社1984年版，第29页。

② 刘敦桢：《苏州古典园林》，中国建筑工业出版社1979年版，第62页。

③ 参见杨鸿勋：《江南园林论》，上海人民出版社1996年版，第60页。

④ 王其钧主编：《中国园林图解词典》，机械工业出版社2006年版，第88页。

2000年，在澳大利亚凯恩斯举行的世界遗产委员会第24届会议上，沧浪亭、狮子林、艺圃、耦园、退思园五处园林又作为苏州古典园林的扩展项目补充进《世界遗产名录》。

世界遗产委员会评价

没有什么园林比历史名城苏州的四大园林更能体现出中国古典园林设计的理想品质。咫尺之内再造乾坤，苏州园林被公认是实现这一设计思想的典范。这些建造于16—18世纪的园林，以其精雕细琢的设计，折射出中国文化中取法自然而又超越自然的深邃意境。[①]

元代兴建最为浩大的工程道观园林是位于山西省芮城县的永乐宫。

永乐宫为纪念道教全真派祖师吕洞宾而建。吕洞宾，名岩，字洞宾，道号纯阳子，自称回道人，永济县永乐镇人。吕洞宾羽化后，故居改建为吕公祠，后因野火焚毁，道教请予重建，元太宗敕令“升观为宫”，封真人吕洞宾为“天尊”，并派人主持兴建“大纯阳万寿宫”。元定宗二年（1247年）动工，元中统三年（1262年）改号“纯阳宫”，元至正十八年（1358年）竣工，历时111年。因地处永乐，简称“永乐宫”。永乐宫初成，以龙虎殿（又名无极门）、三清殿（又名无极殿，永乐宫主要殿堂）、纯阳殿（又名混成殿、吕祖殿）、重阳殿（又名袭明殿、七真殿）四部分为主体[②]，成为元代全真道三大祖庭［永济永乐宫、大都天长观（即北京白云观）、终南山重阳宫］之一。至清代，永乐宫增建宫门，形成后来的五大主体。

① 胡长书、张侃主编:《中国世界遗产》,华南理工大学出版社2004年版,第142—143页。

② 这是现代比较通行的说法,似为不确。详见《永乐宫图》。

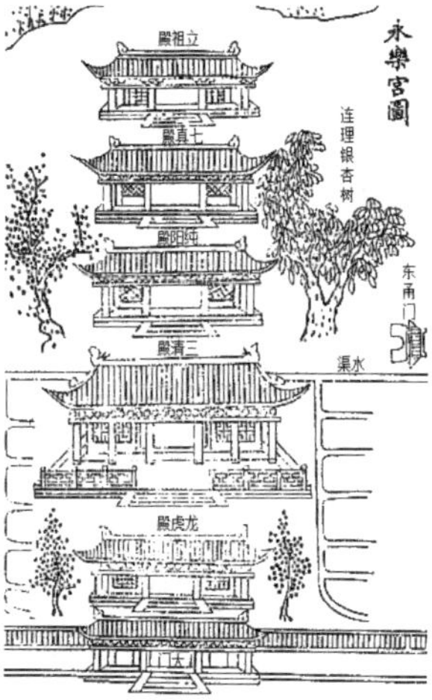

《光绪永济县志》永乐宫图[①]（局部）

永乐宫面积约130亩，多植柏树与连理银杏树，甬道两侧花木茂盛。1959年，因兴建三峡水利工程，永乐宫处于淹没区，经国务院总理周恩来批示“不惜一切代价”，以6年时间，按原貌完整搬迁至芮城北面龙泉村附近。

永乐宫木结构建筑群体现了元代的建筑工艺，并有所革新与创造。100多年的建筑工期，以及后来的完整搬迁，在世界上都是罕见的。最令人震撼的是，永乐宫壁画总面积达960平方米，世所罕见，是中国古代壁画艺术之瑰宝。

根据清代光绪年间《永济县志》的插图，七真殿后还有立祖殿。光绪时，除去宫门，永乐宫五大建筑应为：龙虎殿、三清殿、纯阳殿、七真殿、立祖殿。立祖殿及一些朵殿后来圮毁，仅存遗址，今天所能看到的，也就是整体搬迁复原后的元代四殿和清代宫门了。

明清，中国古代园林发展的黄金时段。元至正十六年（1356年），朱元璋率兵攻占集庆路（今南京），改集庆路为应天府。1368年，朱元璋建立大明，都应天府，称应天府为京师，将大都易名北平（意谓北方和平，今北京）。1402年，明成祖朱棣即位，有迁都意。1403年，诏改北平为北京，改

①《中国地方志集成·山西府县志辑(67)·光绪永济县志》，凤凰出版社2005年版，第12页。笔者重作了汉字标注。

北平府为顺天府。1406年，开始营建北京。1420年，城建完成。永乐十九年（1421年），正式迁都北京，以北京为京师，废“行在”之称，同时将原京师应天府作为陪都，改称南京。

明代的皇城御苑主要有六处：兔园、西苑、万岁山（清代改称景山）、御花园、慈宁宫花园、东苑，其中西苑最为广阔。

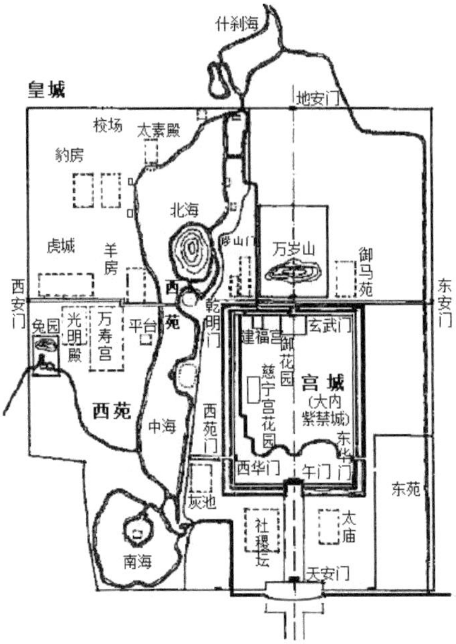

明皇城御苑分布图[①]

元代的太液池只有北海、中海，明成祖营建北京皇城时，开挖出南海[②]，水边建南台（今瀛台），并用挖出的土继续堆筑“万岁山”（俗称煤山，今景山[③]）。英宗时又行建设，沿岸增添殿堂建筑，还将北海琼华岛上的湖石搬移到南海以及其他地方以作装点，致使琼华岛土壤松动；又由于地震等原因，广寒殿在万历七年（1579年）倒塌。明弘治二年（1489年），将北海、中海间原木桥改建为七孔石桥（外观为九孔）。嘉靖年间，在桥东

① 周维权：《中国古典园林史》第3版，清华大学出版社2004年版，第363页。

② 开挖南海的时间，说法不一：1.明成祖营建北京皇城时；2.明成祖定都北京后；3.明英宗天顺年间（1457—1464）。

③ 明成祖时，在煤山下堆放煤炭，故称煤山。明崇祯十七年（1644年），李自成攻陷北京，明思宗朱由检自缢于煤山槐树下，终年33岁。清顺治十二年（1655年）改称景山。

端建金鳌木牌坊，西端建玉蛛木牌坊，石桥称金鳌玉蛛桥。1956年，改建金鳌玉蛛桥，两牌坊被拆除。1957年，桥命名为北海大桥。

太液池在明代称为西苑，供后妃游玩观览。北海、中海、南海俗称西苑三海。北海琼华岛改称万寿山。三海多栽莲荷，夹岸遍植槐榆杨柳。山光水色，翠绿葱茏，杨柳拂水，景色宜人。三海之中，北海最为秀美。清顺治八年（1651年），为迎接达赖喇嘛，在琼华岛广寒殿旧址建藏式喇嘛白塔，万寿山易名白塔山。随着时间推移，白塔也饱经磨难。清康熙十八年（1679年）夏历七月二十八日至三十日，北京发生大地震，白塔坍塌。康熙二十一年（1682年），白塔重修完毕。雍正八年（1730年）夏历八月二十九日，北京又震，白塔底座震裂，雍正十年（1732年）修理完毕。1976年，唐山大地震，白塔顶部受损，后予修复。

1925年，北海对民众开放，结束了北海皇家御苑的历史。1950年，北京市政府疏浚“三海”，清除淤泥34万立方米。现北海面积约1063亩，水域约583亩，陆地约480亩。

明代北海的营建，没有摹写现成的自然景观，完全是“臆造”出来的人间胜地。清代乾隆年间，连续30年对北海进行修建，借鉴江南名胜，把北海打造成奇姿异彩的人间胜境。

著名的汉白玉永安桥是元代建筑，连接琼华岛与团城。桥北端立“堆云”牌坊，南端立“集翠”牌坊，桥因此又名“堆云集翠桥”。永安桥飞跨南北，宛若长龙卧水。刻有狮子与麒麟的铁影壁，也是元代遗物。明代建设的西天禅林喇嘛庙，清代改为“西天梵境”，是最负盛名的景区之一。北海以琼华岛为中心，岛上的建筑群、湖石假山岩洞、葱郁树木以及回廊曲径，交织在一起，绮丽如画。北海约有上百个景点，处处令人赞不绝口。动用国家力量来建造园林，在心愿寄托、景观构造、建筑技术等各个方面，均达到当时最高水平。儒释道三教思想，在北海都得到很好的体现。园林风格亲和，没有任何惊骇的视觉冲击与心灵刺激，一切都和谐相处。满眼的青山绿水，使人感到此间天地与外界的不同。池边信步，现世的各种尘埃被轻风拂去，人生顿悟的情感也悄然而升。北海是真正杰出的人化自然的传世佳作。

明初，朱元璋尚节俭，反对建造园林，至其暮年，方允许私家造园，明代园林于是兴起。江南一带陆续出现许多著名园林，如上海豫园，苏州拙政园、留园，太仓弇州园，无锡寄畅园，扬州个园、影园，常州止园，南京石巢园（阮大铖宅园，计成设计并监造，今不存）等。

北京也有不少名园，最为典型的是清华园与勺园。北京历史上有两个清华园。明万历年间，外戚李氏家族在北京西郊海淀地区建成清华园，又名李园、李皇亲园、李戚畹别业等，周长约十里。清华园由第一代武清侯李伟始建，至第二代武清侯李文全蔚成大观[①]，成为“京国第一名园”。第三代武清侯李铭诚时，家道中落，兼之明清朝代更迭，祸乱频仍，清华园已难维护。至第四代武清伯李国瑞时，清华园出售。

清代康熙年间，清华园已颓败。圣祖玄烨因循旧址，新建皇家园林“畅春园”。康熙四十六年（1707年），玄烨诏准皇三子胤祉在畅春园旁水磨闸东南建“熙春园”。清道光二年（1822年），熙春园分为两园：东为熙春园，西为近春园。1850年，咸丰皇帝奕詝将东面的熙春园改名为清华园。1910年，清华园内建“清华学堂”，成为后来清华大学的前身。

清咸丰十年（1860年），英法联军肆虐北京，烧圆明园，畅春园被毁，遗址不存。

所谓北京有两个清华园，一为明代李氏清华园，一为清代熙春园更名的清华园。今天所说的清华园，指后者。

关于清华园的景观建设，不另叙述。

明时北京海淀一带，多湖沼。“海淀”，“海”指水域池沼，“淀”指浅水积聚。米万钟（1570—1628年）是当时著名书画家，酷爱江南山水，于是倾尽家财，追江南景色，建勺园、湛园、漫园三处私园。漫园在德胜门积水潭东，勺园、湛园择址海淀。米氏三园，水石取胜，以勺园为最。

勺园又名“风烟里”，大约在1612—1614年间建成。之所以命名“勺

① 或谓清华园在第三代武清侯时才最终建成。

园”，取“淀水滥觞一勺”[①]意。园约百亩，一望尽水。水面遍白莲，水上有曲桥。陆上植松槐柳竹，四时而异。回廊亭台，绿荫掩映。楼阁飞檐，碧水环绕。贤达聚会，恍若江南。漫游观览，或泛舟，或陆行，入室犹疑在舟中。勺园远则借景西山，近则借景水色，颇如宋词里写的“无限风烟，景趣天然，最宜他、隐者盘旋”（刘过《行香子·山水画面》）。如诗如画的勺园，京师妇孺皆知，以致称园必道“米家园”。米万钟自己也很得意，写了《海淀勺园》诗十首，其四云：

绕堤尽是苍烟护，傍舍都将碧水环。
更喜高楼明月夜，悠然把酒对西山。

道出了人生自适的情怀。

1628年，米万钟病故。1644年，勺园遭李自成溃军损毁，米氏家人迁出勺园。米万钟有二子一女，儿子被世人称为“米家童”。长子米寿都死后，勺园荒芜。1684年，勺园划归清室，属于皇家畅春园的一部分。1704年，勺园故地建起了弘雅园（或作“洪雅园”[②]）。嘉庆六年（1801年），弘雅园改名集贤院。咸丰十年（1860年），英法联军焚烧圆明园，集贤院也被焚毁。1925年，燕京大学购置勺园旧地。20世纪80年代，北京大学在勺园故址建起了留学生楼，又在楼群北侧建亭榭曲廊。勺园故址，在今北京大学校内西南。

20世纪20年代，洪业（原燕京大学图书馆馆长）为燕京大学购得米万钟《勺园修禊图》，现藏北京大学图书馆。

明代的道观建设，从明成祖朱棣开始隆盛起来。

明太祖朱元璋建立大明后，儒释道三教并用（其中以儒为主）。至明成祖朱棣永乐年间，尊道斥佛，道教地位颇为显赫。湖北武当山乃道家圣地，

① 清代于敏中等编撰《日下旧闻考》(二)(北京古籍出版社2001年版，第1317页)：“淀之水，滥觞一勺，都人米仲诏浚之，筑为勺园。”按，小水谓之滥觞。

② 清代吴长元辑《宸垣识略》(北京古籍出版社1982年版，第285页)：“洪雅园，即米万钟勺园，今为郑亲王邸第。”

尊奉真武神。朱棣尊奉真武为“北极真武玄天上帝”，敕拜武当山为“大岳太和山”[①]，视武当山为“天下第一名山”，并役使军民30万、历时12年大力拓建武当山宫观，完成33处建筑群，使武当成为天下第一道教名山，武当宫观成为“朝廷家庙”，武当道场也成为皇家御用道场。

武当山势奇特，景色奇美，其主峰天柱峰，海拔1613米。天柱峰远远望去，一柱擎天。登临天柱峰顶，环顾四周，万山来朝。天柱峰顶端石筑平台正中有1417年建成的金殿，俗名金顶。金殿以铜为体，仿木结构形式，各部分以铜铸就，外饰鎏金，尔后拼装榫卯，严丝合缝，牢固异常，其工艺之精，令人叫绝。殿内供“真武帝君”铜坐像，披发跣足，金甲玄袍。明代时，常人不可入内。经数百年风吹雨打，雷火炼殿，金殿迄今依旧辉煌。

金殿下方即大岳太和宫，简称太和宫。太和宫建筑群随山就势，至明嘉靖年间，大小建筑已达520栋（今仅存20余栋），其中明代永乐帝新建78栋。太和宫正殿挂永乐帝赐额，书“大岳太和宫”五个大字。正殿左右为钟鼓楼，下方为清代改建的皇经堂。整个建筑群依山傍岩，构思奇巧，自然景观与人文景观融和无间，致使游人驻足，流连忘返。

南岩宫是武当36岩庙最美的一处。南岩宫在天柱峰东北南岩（又名独阳岩、紫霄岩）峭壁上，明嘉靖年间已有殿宇640余间，现仅存21间。南岩宫建筑群可以用“奇险”二字来概括，它的宫室紧贴峭壁，建在悬崖之上，特别是南岩石殿，嵌入山崖，“绝壁悬宫”，堪称一绝。游南岩宫，山势险峻，殿宇嵯峨，飞鸟展翅，风啸树鸣。若遇云雾缭绕、树动枝摇，游人也仿佛超脱尘世，成为仙人。

玄天玉虚宫，简称玉虚宫，始建于明永乐年间，明嘉靖时已有各类建筑2200余间，原是武当建筑群中最大的一处，后经两次大火与一次山洪，玉虚宫被毁。2007年起，对玉虚宫开始修复、重建，2012年完工。玉虚宫现存古代建筑约15处（含清代建筑）。

玉虚宫宫门内现存明代两座碑亭，内立明代永乐与嘉靖年间巨碑，碑

① 明世宗时尊武当为“玄岳”。

高6米，通高9米，赑屃为龟趺。碑重百吨左右，龟趺重约70吨。巨石在平地上搬运，古代使用道路结冰加滚木的方法，但运到山上去，工程会何等艰巨，难以想象。

武当山景观体现了自然美与人文美的高度融和，它的景区构成了秀美的山岳道观园林。除了景色的奇丽，武当宫观还拥有一种特殊的恢宏气势，昔日皇权的威力以及那种昭示千古的气魄，震撼着每一位后世来者。1994年12月，武当山建筑群入选《世界遗产名录》。世界遗产委员会评价：

> 武当山古建筑群中的宫阙庙宇集中体现了中国元、明、清三代世俗和宗教建筑的建筑学和艺术成就。古建筑群坐落在沟壑纵横、风景如画的湖北省武当山麓，在明代期间逐渐形成规模，其中的道教建筑可以追溯到公元7世纪，这些建筑代表了近千年的中国艺术和建筑的最高水平。①

"大岳太和山"，大岳，读作"太岳"，表明了山的地位，至高至尊谓之"太"。太和，语出《易·乾·象辞》："保合太和，乃利贞。"北宋张载《正蒙·太和》指出，"太和"就是"道"，指阴阳的和谐统一。道教认为，人与自然的完美和谐，就是"太和"，是道教的理想境界。武当胜境以一种仙苑格局，抒发了道教的意境追求，是道教写意的鸿篇巨著、天人合一的杰出表现。

清代的园林建设，十分活跃。北方的皇家园林与江南的私家园林是清代园林的两大亮点。

北京的皇家园林，有"三山五园"的说法。三山：香山、玉泉山、万寿山。五园：畅春园、圆明园、香山静宜园、玉泉山静明园、万寿山清漪园。大约在清咸丰年间，民间就已时兴"三山五园"的说法。咸丰年间的故事演说《永庆升平前传》第五十二回"咱们哥俩到京西游游三山五园"，说明"三山五园"概念在民间已经通行。至于"五园"究竟是哪五园，一直存有争议。民间流行的概念未必精审，"三山"与"五园"有所重叠，不

① 胡长书、张侃主编：《中国世界遗产》，华南理工大学出版社2005年版，第85页。

足为奇。

清漪园是颐和园的前身。清漪园始建于乾隆十五年（1750年），乾隆二十九年（1764年）竣工，历时15年，耗银近450万两。咸丰十年（1860年），清漪园被英法联军焚毁。光绪十二年（1886年）开始重建，光绪十四年（1888年）竣工，清漪园更名颐和园。光绪帝认为，此间利于慈禧太后“颐养冲和”，故名“颐和园”。光绪二十六年（1900年），颐和园又遭沙俄、英国、意大利等八国联军毁坏，光绪二十八年（1902年）再度修复。1924年，颐和园收归国有，对外开放。此时颐和园已杂草丛生，兼之门票昂贵，故而游人稀少。1949年，颐和园得到全面修整。1961年，颐和园、承德避暑山庄、拙政园、留园被列为全国第一批重点文物保护单位，并称“中国四大名园”。1998年，颐和园被列入《世界遗产名录》。世界遗产委员会年会上，给予颐和园如下评价：

> （1）北京的颐和园是对中国风景园林造园艺术的一种杰出的展现，将人造景观与大自然和谐地融为一体；（2）颐和园是中国的造园思想和实践的集中体现，而这种思想和实践致整个东方园林艺术文化形式的发展起了关键性的作用；（3）以颐和园为代表的中国皇家园林是世界几大文明之一的有力象征。①

颐和园位于北京西郊，由万寿山、昆明湖两大部分组成，占地面积达263公顷，其中水域占总面积的四分之三，是北京现存规模最大、保存最为完好的皇家园林。

清王朝最大的皇家园林，是承德避暑山庄。避暑山庄，又名“热河行宫”，俗称“承德离宫”，位于承德北部，康熙四十二年（1703年）始建，乾隆五十七年（1792年）完工，历时89年，占地面积约584公顷。

避暑山庄的兴建，由康熙帝亲自选址。该地形势西高东低，气候则冬寡寒流，夏无炎热。康熙建山庄的立意，要体现中华一统、安塞固疆的政治思想，因此，他要移天缩地，择选中华名胜，再现于园中。山庄著名景

① 胡长书、张侃：《中国世界遗产》，华南理工大学出版社2005年版，第132页。

点有72处，即康熙题名的四字三十六景，如“烟波致爽”“芝径云堤”等，乾隆题名的三字三十六景，如“丽正门”“勤政殿”等。

丽正门是山庄正门，昔日只有两个人曾由正门出入——皇帝与西藏喇嘛六世班禅，其他人等只能从两侧小门步行进出。进入丽正门右望，可以看到远处山峦“磬锤峰”。磬锤峰俗名“棒槌山”，上粗下细，形如棒槌。磬锤峰山腰有一株古桑树，据说树龄有300余年。夕阳西下时，山庄湖面上会呈现棒槌倒影，构成“锤峰落照”奇观。山庄的主体建筑是正宫，门上悬康熙御笔“避暑山庄”额匾。有几个湖区，湖中有洲、岛，其间以长堤、小桥连通。各地名胜经过择选，在山庄内仿其貌而建设：

在湖区有仿西湖苏堤、白堤的芝径云堤；仿嘉兴的烟雨楼（同名）；仿富春江（钱塘江上游）严子陵钓台的石矶观鱼；仿镇江的金山（同名）；仿苏州沧浪亭的沧浪屿；仿狮子林的文园；仿绍兴沈园的采菱渡；仿南京鸡鸣寺的法林寺。

在平原区有仿绍兴兰亭的曲水荷香；仿西苑曲水的香远益清；仿杭州六和塔的永佑塔；仿无锡寄畅园的嘉树轩（同名）；仿九江小莲庄的蘋香沜（同名）；仿杭州的千尺雪（同名）；仿吴江退思园濠濮间的濠濮间想；仿宁波天一阁的文津阁；仿常熟曾园的水流云在（同名）；仿蒙古草原的毡包群。

在山峦区主要追求名山意境，构建仿拟性质的寺庙和亭阁。有仿泰山碧霞元君祠的广元宫；仿斗姥宫的斗姥阁；仿万松岭的松云峡；仿杭州的旃檀林（同名）:仿北高峰的放鹤亭（同名）；仿灵隐寺的鹫云寺；仿太原晋祠水母宫的水月庵；仿苏州听枫园的青枫绿屿；仿无锡惠山的双湖夹镜（同名）；仿衡山的食蔗居（同名）；仿武夷山虹桥天阶的长虹饮练。

避暑山庄把国内许多有特色的名胜景观，模仿入园，表现出一种“直把江山并沧海，移天缩地在一园”的构建特征，是我国古典园林营造的创新，以致影响到后代。[①]

山庄内宫殿建筑均为青砖素瓦，比较朴素。水源以热河泉为主。西北面为山地，有松林等天然植被。北部平原，多植杨柳榆槐。东南湖区，栽灌木小乔木。湖区则浮萍莲荷。植物各异，以应四时。

山庄外东部、北部，有皇帝敕建的12座寺庙，其中8座寺庙由朝廷派驻喇嘛，直接归朝廷理藩院管理。因为是京城外的8座庙，故称“外八庙”。外八庙金碧辉煌，与山庄的素朴形成对照。山庄北面的“普陀宗乘之庙”，仿西藏布达拉宫，是外八庙中最大的庙宇群。普陀宗乘之庙随山势逐层升高，原有建筑60余座，现存40来所，整体规模宏大，气势磅礴。主体建筑大红台，上建三大殿，殿顶盖鎏金铜瓦，极为富丽。

尊重并厚待蒙、藏宗教，富丽的庙宇与朴素的山庄形成对比，令蒙、藏宗教首领为之感动。对于中华一统、安塞固疆，维护清王朝与蒙、藏的关系，外八庙的作用不可小觑。

康熙、乾隆、嘉庆三代皇帝，每年约有5个月的时间在避暑山庄处理政务，山庄成为京城陪都，国家的第二政治中心。1820年，嘉庆帝在山庄驾崩，此后40年间，清帝不再来承德避暑山庄，副中心不复存在。

今天所见到的避暑山庄，景色与乾嘉时已有较大差别[②]。

1994年，世界遗产委员会第18届会议在泰国普吉通过审议，承德避暑山庄被列入《世界遗产名录》。世界遗产委员会评价：

> 承德避暑山庄，是清王朝的夏季行宫，位于河北省境内，修建于公元1703—1792年。它是由众多的宫殿以及其他处理政务、举行仪式的建筑构成的一个庞大的建筑群。建筑风格各异的庙宇和皇家园林同周围的湖泊、牧场和森林巧妙地融为一体。避暑山庄不仅具有极高的美学研究价值，而且还保留着中国封建社会发

① 刘玉文：《浓缩天地——避暑山庄营造技艺》，辽宁人民出版社1997年版，第21—22页。

② 参见荆其敏、张丽安编著：《建筑师之笔——承德避暑山庄和外八庙》，机械工业出版社2013年版，第3页。

展末期的罕见的历史遗迹。[①]

出于政治、军事以及围猎的需要，清三代皇帝建设了承德避暑山庄。在功能价值与审美价值并重的驱动下，人工建筑与天然野趣相得益彰，自然美与艺术美巧妙结合，构建出亲和的政治生态与优然的自然生态，避暑山庄成为实用与审美、自然与人文融和无间的杰出典范。

清代的扬州，是个繁华之地，人文荟萃，盐商云集。康熙帝和乾隆帝都曾六下江南，每次都巡幸扬州。康熙帝第五次巡幸扬州，驻跸达十天之久。为了迎合皇帝的宸游，同时也为了引起皇上注意、为自己创造获取某些价值的机会，扬州官僚以及盐商富贾不失时机，在保障河沿岸兴建园林，形成“两岸花柳全依水，一路楼台直到山”的胜景。保障河本是扬州护城河，河道较窄，清初时沿岸已颇有景致，被誉为“瘦西湖”，可与西湖相媲美。盐商争相建园，仅乾隆时就新建园林40座，瘦西湖景观迭出，以至赢得盛赞：“扬州园林之胜，甲于天下。”[②]

扬州古称广陵，南朝鲍照有一篇著名的《芜城赋》，讲颓败后的广陵白杨凋落，古道阴森，谁还愿意游广陵？但稍晚于鲍照的《殷芸小说·吴蜀人》中又有“腰缠十万贯，骑鹤上扬州”，足见扬州之繁华。大运河开通后，扬州的繁华更是名噪南北。自唐李白送孟浩然“烟花三月下扬州”，扬州成为人们的神往之地。扬州瘦西湖有一条长堤，堤岸植桃、柳，三步一桃，五步一柳。阳春三月，桃红柳绿，更兼杨柳婆娑，烟花漫舞。此时长堤漫步，人在画图中。

位于湖心的吹台，又名钓鱼台，是欣赏取景艺术的好去处。选好了角度，透过圆门可以看到不同的独立而又完整的景致，西侧圆门框入五亭桥，南侧圆门框入白塔。用三个洞门来框景，匠心别具。

① 胡长书、张侃主编：《中国世界遗产》，华南理工大学出版社2005年版，第137页。

② (清)欧阳兆熊、金安清撰，谢兴尧点校：《水窗春呓》，中华书局1984年版，第56页。

瘦西湖吹台[1]

瘦西湖最著名的景观是五亭桥。扬州瘦西湖风景区管理处网站介绍：

> 五亭桥，建于乾隆二十二年（1757年），仿北京北海的五龙亭和十七孔桥而建，“上建五亭、下列四翼，桥洞正侧凡十有五”。建筑风格既有南方之秀，也有北方之雄。中国著名桥梁专家茅以升教授曾评价说：“中国最古老的桥是赵州桥，最壮美的桥是卢沟桥，最秀美的、最富艺术代表性的桥，就是扬州的五亭桥了。”中秋之夜，可感受到“面面清波涵月影，头头空洞过云桡，夜听玉人箫”的绝妙佳境。

五亭桥由两淮巡盐御史高恒于乾隆二十二年（1757年）出资兴建，圆亭尖顶，与现在看到的不同。原五亭已毁于1856年太平军战火。重建后，五亭又因年久失修于民国初期塌毁，五亭桥成为无亭桥。现在看到的五亭桥，是后来重建的。

瘦西湖五亭桥[2]

---

① 图片转引自扬州市瘦西湖风景区管理处：http://www.shouxihu.net/case/html/?31.html。

② 图片取自潘谷西主编：《中国美术全集 建筑艺术编3 园林建筑》，中国建筑工业出版社1988年版，第48页。

嘉庆年间，因盐业衰落，瘦西湖一度荒芜。光绪时，两淮盐业重振，瘦西湖得以修葺维护。1936年，瘦西湖风景委员会成立，对瘦西湖进行了一次较大的整修。抗日战争与解放战争期间，瘦西湖破败。新中国成立后，瘦西湖逐渐被修缮一新。

古代中国民间有四大爱情传说：牛郎织女、孟姜女哭长城、梁山伯与祝英台、白蛇传。从明代开始，《白蛇传》经过多年的流传嬗变，至清代发展为动人的爱情悲剧。其中“水漫金山”的情节以及法海和尚的形象，早已为人们所熟悉。

金山位居镇江西北，上有闻名遐迩的佛教禅宗寺庙——金山寺。金山寺指金山寺庙群，始建于东晋明帝时期，名“泽心寺”①。唐初时称“金山寺”。唐宋时曾两次改为道观，后又恢复为佛寺。

中国佛寺山门均坐南朝北，而金山寺山门却是西向，面朝西方极乐世界。山门上有“江天禅寺”横匾，据说是康熙帝御笔（现存匾额系1979年重新制作）。康熙二十五年（1686年），康熙帝赐名“江天寺”，因此金山寺又名江天寺。金山有景点40余处，主体建筑为山脚下的大雄宝殿。该殿原为明代建筑，咸丰三年（1853年）毁于太平军战火，同治年间修复。1948年4月，国民党军队放火，大雄宝殿与其他300多间建筑被毁。1985年，地方政府按清代旧规重建大雄宝殿，1989年10月完工。现在的大雄宝殿，少了许多岁月风尘。大殿台阶两侧，各有一浮雕。左侧浮雕绘宋将岳飞与高僧道悦揖别图，游人驻足，知道这段历史的人看了，为之唏嘘。

金山顶巅，有塔，高约36米，砖木结构。金山塔始建于南朝齐梁时期，原为南北相对的双塔，后坍塌。宋哲宗元符年间年重建为八面七层单塔。明隆庆三年（1569年），明了禅师重修金山塔。清咸丰年间，塔毁于兵火。光绪二十六年（1900年），塔循旧制重建完成。明代时，塔名“慈寿塔”，沿用至今。慈寿塔俗称金山塔。

慈寿塔旁观音阁中陈列有金山四宝：周宣王时所铸周鼎、三国时诸葛

① 金山在历史上有过多种名称，如伏牛山、氏父山、泽心山、浮玉山、金山、龙游山等十个山名。金山寺随山名变化，有过不同称呼。

亮降伏孟获时所缴铜鼓、明文徵明手绘金山图以及据说是苏东坡输给佛印禅师的腰间玉带。玉带长约2尺，宽约2寸，缀长方形、圆形、心形白玉24块。清初火患焚毁4块，后经乾隆帝敕命补齐，并刻乾隆诗句。

古法海洞又名法海洞、裴公洞，在金山山腰悬崖上。法海本是一名好和尚，不知怎么在《白蛇传》中神化为白素贞与许仙的爱情杀手。金山有著名四洞：与法海有关的古法海洞、与吕洞宾有关的古仙人洞、与白蟒有关的白龙洞、与日出江景有关的朝阳洞。

金山寺为“水陆法会祖庭”。南朝梁天监四年（505年）①，名僧宝志、僧祐奉梁武帝令在金山举行大规模水陆法会，为中国佛教水陆法会之始。水陆法会又称水陆道场，是超度水陆一切亡灵以及礼佛拜忏等佛教集会式活动，佛教之集会谓之法会。镇江金山寺、扬州高旻寺、常州天宁寺、宁波天童寺为我国东南禅宗四大丛林。丛林即禅林，禅林即寺院。

金山遍布寺庙群落，被寺庙包裹，山、寺一体，因此有“寺裹山”的说法。《全宋诗》中有南宋楼钥《游金焦两山以雨而辍》诗：“金山寺裹山，焦山山裹寺。风雨劝我归，也省两头事。”其后南宋林景熙《金山寺》诗中有“双塔摩空寺裹山”句。“寺裹山”成为金山的独特景象。

《四库全书》史部《钦定南巡盛典》卷二十四说，金山“上凌太虚，下瞰洪流，为江南诸胜之最”。金山寺的每一景几乎都有传说，历代名人与金山寺有涉或题咏金山的诗文甚多，避暑山庄也仿金山寺而建小金山。金山寺不仅以景色胜，更以人文胜。1983年，金山寺被定为汉族地区全国重点寺院。

世界园林有三大体系：

> 国际园景建筑家联合会1954年在维也那召开第四次大会。英国造园学家杰利克G.A.Jellicoe在致词中说，世界造园史三大派是中国、西亚和古希腊。②

① 一说天监七年（508年）。

② 童寯：《造园史纲》，中国建筑工业出版社1983年版，第57页注[2]。

中国体系，代表了东亚园林，其范围包括中国、日本、韩国、朝鲜等。西亚体系，起源于古巴比伦、古波斯，其范围包括埃及、伊朗、土耳其等，实即伊斯兰园林。古希腊体系，实际上就是欧洲体系，欧洲园林起源于古希腊。现代园林学研究者一般都从东亚体系、西亚体系、欧洲体系的视角来看待世界园林。“三大体系说”概括了世界园林的起源以及风格的不同。三大体系中，中国是“世界园林之母”。1999年第6期《植物杂志》刊载何勇的一篇介绍《中国“世界园林之母”称号的来历》，文中说：

> 1929年威尔逊[①]在美国出版了他在中国的植物采集和考察纪事，书名就叫China,Mother of Gardens（《中国,园林的母亲》）。书中写道:“中国的确是园林的母亲,因为一些国家中我们的花园深深受益于她所具有的优质品位的植物。”

从此，中国便以“世界园林之母”的称号驰名于世。

中国第一本园林艺术理论专著，是明末造园家计成的《园冶》，该书后来东传日本，国内于清代时已经绝版。20世纪20年代，陈植留学日本，见到《园冶》。1931年，董康与朱启钤先后从日本获得《园冶》残本，收录于《喜咏轩丛刊》。此后，国内渐有人开始研究《园冶》[②]。

园林学界不少人将中国园林与西方园林作了比较，见地频出。除了西方规则的几何图案设计与中国的不规则自然布局等区别外，中西方园林的最大不同在于，西方园林表现的是“人在自然之上”，人是主宰，人与自然有着主体与客体的区别；中国园林表现的是“人在自然之中”，人与自然相融合，追求的是天人合一的境界。二者各有所长，无须厚此薄彼。

中国古代园林有着诸多特点，最根本的特点，用十六个字可以概括，那就是：移天缩地，以小见大，虽由人作，宛自天开。

---

① 亨利·威尔逊(Ernest Henry Wilson，1876—1930)，英国植物学家。

② 参见陈植:《园冶注释》第二版，中国建筑工业出版社1988年版，第1页。

附　录

中国古代度量衡

度

朝代		古制	折合今制(尺→厘米)
夏		1尺=10寸,1寸=10分	18.5
商		1尺=10寸,1寸=10分	15.8
周		1丈=2墨,1墨=5尺,1尺=10寸,1寸=10分	23.1
战国		1丈=10尺,1尺=10寸,1寸=10分	23.1
秦		1引=10丈,1丈=10尺,1尺=10寸,1寸=10分	23.1
汉		(同秦)	23.1
三国		1丈=10尺,1尺=10寸,1寸=10分	24.2
晋	西晋	1丈=10尺,1尺=10寸,1寸=10分	24.2
	东晋		24.5
南朝	宋	1丈=10尺,1尺=10,1寸=10分	24.6
	齐		24.6
	梁		24.7
	陈		24.6
北朝	北魏前	1丈=10尺,1尺=10寸,1寸=10分	27.9
北朝	北魏中		28

续 表

朝代		古制	折合今制（尺→厘米）
	北魏后		29.6
	东魏		30.1
	北齐		30.1
	北周		29.6
隋		1丈=10尺，1尺=10寸，1寸=10分	29.6
唐			29.6
五代十国		1丈=10尺，1尺=10寸，1寸=10分	不详
宋		1丈=10尺，1尺=10寸，1寸=10分	31
元		1丈=10尺，1尺=10寸，1寸=10分	31
明、清	营造	1丈=10尺，1尺=10寸，1寸=10分	32
	量地		34
	裁衣		35.5
现代		1丈=10尺，1尺=10寸，1寸=10分	33.33

注：1. 折合今制（尺→厘米）：古制1尺合今制多少厘米，例如1夏尺合今制18.5厘米。

2. 春秋时期度制比较混乱，从略。战国时各国尺度大体相同。

3. 曾武秀《中国历代尺度概述》认为1周尺合今制22.5厘米（详见河南省计量局主编：《中国古代度量衡论文集》，中州古籍出版社1990年版，第136页）。

量

朝代	古制	折合今制（升→毫升）
西周	1秉=10籔=16斛=32筥=160斗 1籔=16斗，1斛=10斗	（不详）

续 表

朝代	古制	折合今制(升→毫升)
战国	齐:1钟=10釜,1釜=4区, 1区=4豆,1豆=4升 秦:1斛=10斗,1斗=10升 楚:1筲=5升 三晋:1斛=10斗,1斗=10升 (按:先秦容量制度较为混乱)	(约合)200 (出土文物秦制1升约合182.1毫升)
秦	1斛=10斗,1斗=10升	200
汉	1石=1斛=10斗,1斗=10升,1升=10合,1合=2龠,1龠=5撮,1撮=4圭	200
三国两晋	1石=1斛=10斗,1斗=10升,1升=10合	200~253
南北朝	1石=1斛=10斗,1斗=10升,1升=10合	300
隋	1石=1斛=10斗 1斗=10升,1升=10合	开皇:600 大业:200
唐	1石=1斛=10斗 1斗=10升,1升=10合	大制:600 小制:200
宋	1石=2斛=10斗,1斗=10升,1升=10合	700
元	1石=2斛,1斛=5斗,1斗=10升,1升=10合	1000
明		1035
清		1035
现代	1升=1000毫升	1000

注:1. 今制谓古代每升折合现代多少毫升。

2. 汉以后不再使用“龠”(吴承洛:《中国度量衡史》,上海书店1984年版,第105页)。

3. 元制详见丘光明:《中国古代度量衡》,中国国际广播出版社2011年版,第154页。

衡

朝代		古制	折合今制(斤→克)
战国	秦	1石=4均,1均=30斤,1斤=16两,1两=24铢	250
	楚	1斤=16两,1两=24铢	250
	赵	1石=120斤,1斤=16两,1两=24铢	217
秦		1石=4均,1均=30斤,1斤=16两,1两=24铢	250
汉	西汉	1石=4均,1均=30斤,1斤=16两,1两=24铢	250
	东汉		220
三国		1石=4均,1均=30斤,1斤=16两,1两=24铢	220
两晋		(同上)	220
南北朝	梁陈	(同上)	220
			1斤折合克:南齐:330,北魏、北齐:440,北周:660
隋		1石=4均,1均=30斤,1斤=16两,1两=24铢	大制:660
			小制:220
唐		1石=4均,1均=30斤,1斤=16两,1两=10钱,1钱=10分	大制:680
			小制:220
宋		1石=120斤,1斤=16两,1两=10钱,1钱=10分	661
元		1石=120斤,1斤=16两,1两=10钱,1钱=10分	610
明			596.8
清			596.8
现代		1斤=500克	500

注：1. 丘光明认为秦衡1斤合今制250克，详见《中国古代度量衡论文集》第399页。

2. 药材称重用小制。

3. 《中国科学技术史》（度量衡卷）第301页认为隋大制1斤合660克。

4. 唐大制详见《中国科学技术史》（度量衡卷）第342页。

附录参考书目

1. 丘光明、邱隆、杨平：《中国科学技术史》（度量衡卷），科学出版社2001年版。

2. 河南省计量局主编：《中国古代度量衡论文集》，中州古籍出版社1990年版。

3. 丘光明：《中国古代度量衡》，中国国际广播出版社2011年版。

4. 吴承洛：《中国度量衡史》，上海书店1984年版。

5. 郭正忠：《三至十四世纪中国的权衡度量》，中国社会科学出版社2008年版。

6. 杨宽：《中国历代尺度考》，商务印书馆1955年版。